AF305989

Yvonne Cousin 1902

1ᵉʳ prix de Lecture
        de Récitation
2ᵉ   „   d'Application
        d'Orthographe
        de Rédaction
        de Calcul
3   „   de Devoirs Journaliers

Cours Élémentaire
2ᵉᵐᵉ Division

MARCELLE LE BLÉZEC

—

3ᵉ SÉRIE IN-8ᵉ

M. Preslier passa la main sur son front. Ses idées s'embrouillaient.

MARGUERITE LEVRAY

MARCELLE LE BLÉZEC

TOURS

MAISON ALFRED MAME ET FILS

MARCELLE LE BLÉZEC

I

« Qui annoncerai-je, monsieur? demanda la servante.

— Dites aux enfants que leur cousin, M. Preslier, désire les voir. »

Là-dessus, le visiteur, en homme qui connaît son chemin, marcha vers le salon, et la servante, comprenant qu'il n'avait pas besoin de ses services, disparut du côté opposé.

M. Preslier s'enfonça commodément dans un fauteuil de velours rouge, croisa les jambes, et d'un coup d'œil circulaire embrassa le salon, à la fois élégant et fané, dans lequel il se trouvait.

Cette toute petite pièce, vraie bonbonnière parisienne, était littéralement encombrée de meubles dorés, d'étagères, de bibelots d'un choix plus ou

moins heureux. Dans tous les angles il y avait des
jardinières garnies de plantes vertes, mal soignées,
qui, languissamment, se penchaient vers le parquet.

Un sourire un peu ironique releva le coin de la
lèvre de M. Preslier.

« Rien de changé ici, murmura-t-il, se parlant
à lui-même. Les années, en s'accumulant sur la
tête de ma pauvre tante, ne lui avaient point
apporté la sagesse. Elle était restée, c'est évident,
la femme frivole et mondaine que j'ai connue
jadis. »

Il achevait ce monologue, quand un bruit de
pas amorti par le tapis se fit entendre dans le
corridor.

M. Preslier se redressa en regardant la porte,
qui s'ouvrit assez brusquement.

Un garçonnet en costume de lycéen, grave
comme il convient à l'occasion d'un deuil de
famille, entra le premier. Derrière son coude
apparaissait une tête de petite fille.

« Bonjour, mon cousin, commença le jeune
garçon.

— Dis: mon oncle, interrompit M. Preslier avec
rondeur. Je suis le cousin germain de votre mère,
partant votre oncle à la mode de Bretagne, et
rien ne nous empêche d'adopter cette mode-là.
Venez m'embrasser d'abord. »

Il prit à deux mains la tête ronde du lycéen,

mit un gros baiser sur chacune de ses joues et attira la fillette à lui.

« Pauvrette ! » dit-il d'un air de compassion.

C'est qu'elle était bien frêle et bien chétive, l'enfant qui rougissait en ce moment sous son regard amical. Cette toute petite taille semblait avoir beaucoup de peine à croître. On eût dit que les épaules menues fléchissaient sous le poids des nœuds de crêpe qui alourdissaient la robe noire. Une grosse natte brune, descendant jusqu'à la ceinture, était trop pesante, elle aussi, pour la tête fine qui s'inclinait un peu à gauche. Du reste, sans être positivement laide, la petite fille était loin d'être jolie : ses traits étaient anguleux à force de maigreur, et on voyait que la timidité seule colorait faiblement ses joues pâles. Son unique beauté consistait en des yeux d'un bleu de bluet, des yeux longs et doux, sérieux et caressants, qu'elle leva sur son parent en lui tendant son front.

Il l'effleura de ses lèvres doucement, précautionneusement, comme s'il eût craint de briser par son contact cette fragile créature.

« Asseyez-vous, enfants, et causons, dit-il ensuite. J'ignore tout de vous, même vos noms. Faisons bien vite connaissance.

— Je m'appelle Raoul Le Blézec, mon oncle, répondit le jeune garçon, et voici ma sœur Marcelle.

— Le Blézec, un nom breton... Je me rappelle

en effet... Votre père n'était-il pas né aux environs de Lorient ? »

Raoul fit un signe affirmatif.

« C'est cela. Je l'ai su dans le temps, mais tant d'événements se sont passés depuis le mariage de ma cousine Valérie que j'en avais perdu la mémoire. Pauvre Valérie! J'ai fait avec elle plus d'une partie de balle et de volant. Elle était très gentille, très conciliante, et nous nous entendions à merveille. Voilà qui me ramène à bien des années en arrière. Peut-être mon nom ne vous est-il pas tout à fait inconnu. Auriez-vous entendu parler d'Alfred Preslier?

— Non, mon oncle, » dit Raoul après avoir un instant consulté ses souvenirs.

Mais la petite voix de Marcelle s'éleva aussitôt.

« Raoul se trompe, mon oncle. Notre chère maman a souvent prononcé votre nom. Rappelle-toi, frère... Les vacances que maman passa plusieurs fois en Poitou, le Bois-Rosé, le cousin Alfred qui était si gai, si complaisant, qui cherchait des mûres sur les haies pour sa petite cousine et qui lui apporta un jour une jolie petite mésange.

— Et l'oiseau mourut le lendemain, ce qui fit verser bien des larmes à maman, acheva Raoul. Ma foi! je n'y songeais plus. Comment n'as-tu pas oublié, toi, Marcelle, qui avais six ans seulement à la mort de notre mère?

— Six ans, répéta M. Preslier. Quel âge as-tu
donc, fillette?

— Dix ans, mon oncle.

— Tu es si petite, que je t'en donnerais sept
ou huit. Et il y a déjà quatre ans que votre pauvre
mère vous a quittés. Vraiment, on croirait qu'une
fatalité s'est acharnée sur vous. Père, mère, aïeule,
elle vous a tout enlevé. Votre grand'mère vous
aimait bien, vous devez beaucoup la regretter.

— Oh! oui, beaucoup, » répondit posément Raoul.

Ses regrets étaient assurément de nature très paisible. Ceux de Marcelle étaient plus vifs peut-être, car une larme brilla dans ses yeux de bluet.

M. Preslier ne crut pas devoir s'appesantir sur ce sujet. Il reprit:

« M\e Vital m'a offert votre tutelle, je l'ai acceptée. Désormais je remplacerai vos parents. Naturellement Raoul retournera à son collège; mais j'emmène Marcelle.

— Où? demanda Raoul, serrant très fort la petite main de sa sœur.

— A ce Bois-Rosé dont vous parlait votre mère, une maison plus vaste qu'une demi-douzaine de vos appartements parisiens, avec une belle pelouse, de grands jardins où l'on peut s'ébattre en liberté et un petit bois, plein de fraîcheur et d'ombre. J'ai fait bâtir l'usine assez loin de la maison, afin de ne pas gâter le paysage. Il y a des jeux partout: grâces, croquet, escarpolette, que sais-je? jusqu'à des montagnes russes que ce démon de Riri m'a supplié de faire construire. Tu ne t'ennuieras pas là-bas, petite.

— Est-ce bien loin de Paris? »

Marcelle avait fait cette question en tremblant un peu.

« Assez loin, oui, mignonne, dans la Vienne.

Ne te désole pas, continua M. Preslier en voyant la poitrine de l'enfant se soulever avec force comme si elle eût été sur le point d'éclater en sanglots. Ce n'est pas au bout du monde et tu n'y trouveras pas d'anthropophages.

— Ce n'est pas cela, » bégaya Marcelle dont l'œil bleu s'attacha sur son frère avec une expression douloureuse.

M. Preslier se frappa le front.

« Sot que je suis! J'aurais dû y songer, c'est la séparation qui t'afflige. Mais elle sera courte. Nous sommes à la fin d'avril, les vacances arriveront bientôt, et Raoul, à son tour, viendra au Bois-Rosé. L'année prochaine, on trouvera peut-être le moyen de tout arranger. Sur ce, je me sauve, enfants. J'ai plusieurs affaires à régler avant mon départ; mon temps est précieux. Peut-être ne rentrerai-je que pour le dîner. En attendant, fais préparer tes bagages, Marcelle; nous partirons ce soir même, s'il est possible. »

Il consulta un carnet et lut à demi-voix :

« Mᵉ Vital, notaire, 15, rue des Petits-Champs. Bon, ajouta-t-il, je vais commencer par là. »

Il prit son chapeau, descendit l'escalier et, quittant la rue de Rivoli, se dirigea à grands pas vers l'adresse indiquée.

II

Peu de temps après il était assis en face du notaire, dans un cabinet tendu de vert sombre, avec des fauteuils de cuir et de nombreux rayons garnis de gros volumes à l'aspect renfrogné.

Me Vital était un vieillard de taille médiocre, sec et nerveux. Ses yeux perçants luisaient sous des lunettes d'or que surmontaient des sourcils en broussailles. Droit sur son siège, il écoutait M. Preslier qui, selon son habitude, avait pris une posture commode et causait avec abandon.

« C'est vous, n'est-ce pas, monsieur, qui m'avez adressé le télégramme relatif à la mort de ma tante de Brignolles?

— Sans aucun doute, monsieur. Moi seul vous connaissais. Les enfants ne savaient pas même qu'il leur restât une parenté.

— Cela se comprend. Le caractère bizarre de ma pauvre tante l'avait mise en dehors de toute relation de famille. Charmante à l'égard des étrangers, elle se brouillait avec les siens pour des vétilles. Je ne lui en voulais pas, certes, et si des affaires très pressantes ne m'eussent retenu ce

jour-là, je serais venu pour les funérailles. Quant
à votre lettre, elle m'a surpris, je l'avoue. Je ne
m'attendais pas à être chargé de la tutelle de ces
enfants, qui ont des parents du côté paternel.

— Ne nous servons pas du pluriel, dit le notaire en hochant la tête. Le lieutenant Le Blézec
avait pour toute famille un oncle célibataire avec
lequel, pour des raisons qu'il ne fit jamais connaître, il n'avait aucun rapport depuis plusieurs
années. Je crois, sans oser l'affirmer, que ce personnage assez peu recommandable ne fut pas
étranger à la catastrophe qui amena la ruine et la
mort de son neveu. De tels précédents, vous le
concevez, ne m'encourageaient guère à me mettre
à sa recherche. Voilà pourquoi, monsieur, j'ai
pensé à vous, espérant que vous ne me refuseriez
pas de vous occuper de ces orphelins auxquels je
m'intéresse.

— Je ne le refuse pas, mon cher notaire, loin
de là. Je suis venu pour me renseigner sur la
situation pécuniaire de mes pupilles et régler les
affaires les plus urgentes, et, si je le puis, je m'en
irai ce soir avec Marcelle. C'était une décision
prise avant mon départ. Ma cousine Brigitte a
bien fait quelques objections. Elle voulait que je
misse la petite en pension, mais je suis convaincu
que l'air du Bois-Rosé lui fera le plus grand bien.
Pauvre fillette ! quelle mine chétive ! »

M⁰ Vital examinait son interlocuteur par-dessous ses lunettes. Seize ou dix-sept ans auparavant, il avait connu le neveu de sa vieille cliente. C'était alors un bon garçon, franc et ouvert, le cœur sur la main et l'esprit plus sérieux que ne le faisait croire au premier abord son air de sans-souci. Le notaire constatait avec satisfaction que, malgré ce laps de temps plus que suffisant pour métamorphoser un caractère, Alfred Preslier était resté le même.

« Savez-vous, cher monsieur, dit-il la mine épanouie, que je bénis de plus en plus la bonne inspiration qui m'a poussé à vous écrire? Les orphelins, je le pressens, retrouveront en vous un véritable père.

— Malheureusement ils ne retrouveront pas une mère, monsieur. J'ai perdu ma chère femme il y a huit ans, à la naissance de mon fils. »

Sa physionomie joviale s'était assombrie. Il poussa un profond soupir et poursuivit :

« Une bonne cousine, veuve et sans enfants, Mme Varauson, a bien voulu se charger du gouvernement domestique. Cette combinaison m'a permis de ne pas me séparer de ma fille, à laquelle j'ai donné une institutrice. C'est cette dernière, une excellente personne, qui va s'occuper aussi de l'éducation de Marcelle. Le logis n'est pas morose, je vous en réponds; pour l'égayer, il suffirait de la présence de mon Riri, un lutin, un enfant terrible qui passe son temps à faire des niches à tout le monde. Je ne sais pourquoi ma cousine et Mlle Hervé, qui ont si bien élevé sa sœur, gâtent Riri comme à plaisir. »

M. Preslier s'interrompit brusquement.

« A quoi pensé-je? Je vous conte des histoires médiocrement intéressantes, tandis que mes affaires me réclament. Parlons de celles de mes pupilles, s'il vous plaît... »

Me Vital ouvrit un tiroir et y prit une liasse de papiers.

« Tout est là, dit-il, et dans un instant vous en saurez autant que moi. Selon toute apparence, l'avenir des jeunes Le Blézec ne sera pas brillant. Leur mère n'avait eu que la dot réglementaire, et cette dot même fut perdue. Ils n'auront donc que l'héritage de leur aïeule, lequel est maigre, bien maigre, une vingtaine de mille francs... »

Et voyant M. Preslier faire un haut-le-corps :

« Vous êtes stupéfait, je le comprends un peu; mais veuillez suivre mes explications. Il faut considérer tout d'abord que Mme de Brignolles était veuve d'un colonel et avait droit, en cette qualité, à une pension qui s'éteint avec elle.

— Je ne l'ignore pas, mais ma tante possédait une fortune personnelle de beaucoup supérieure au chiffre que vous énonciez tout à l'heure. Avait-elle donc subi quelque perte ?

— Pas précisément, mais son goût pour le luxe et le confort ne lui permettait pas de se contenter de son revenu. Depuis plus de vingt ans, en dépit de mes respectueuses observations, elle faisait chaque année une brèche au capital... »

L'industriel eut un mouvement d'indignation.

« Je m'en doutais. Eh bien ! franchement, c'est impardonnable. Comment une vieille femme, une veuve, une mère dont la fille unique et le gendre ont été frappés en pleine jeunesse, et qui voyait à ses côtés deux petits orphelins, n'avait-elle pas renoncé à toutes les frivolités de la vie mondaine ? N'y avait-il pas dans ces coups successifs matière à un deuil éternel ? »

Le notaire sourit malicieusement.

« Les âmes très élevées connaissent seules ces deuils-là, cher monsieur. Dieu me garde d'incriminer la mémoire de madame votre tante, vous la connaissiez comme moi. Ni les années ni les malheurs n'avaient mûri son caractère. La maladie, en s'abattant violemment sur elle, changea seulement cette frivolité d'esprit en une humeur atrabilaire et sombre, dont ses petits-enfants eux-mêmes eurent beaucoup à souffrir.

— Voilà donc, dit M. Preslier, l'explication de l'accent un peu singulier avec lequel Raoul répondit à mes condoléances. Le pauvre garçon ne pouvait exprimer des regrets très chaleureux. Toutefois j'ai vu des larmes dans les yeux de Marcelle.

— Cela ne me surprend pas : Marcelle est une perle d'enfant, un cœur d'or. Et cependant elle n'a jamais été aimée de sa grand'mère.

— Pourquoi, mon Dieu ?

— Tout simplement parce qu'elle ne flattait pas sa vanité d'aïeule. Je vous parle confidemment, vous ne m'en voudrez pas de ma franchise. Mme de Brignolles trouvait sa petite-fille laide et la punissait de ce défaut, ce qui était une double injustice. Quand cette enfant aura pris quelque force, quand l'air libre et le grand soleil auront développé sa taille chétive et mis des roses sur ses joues, elle sera très gentille. Quoi qu'il en puisse être, je vous affirme que, dédaignée de sa grand'mère et tyrannisée par Octavie, elle n'était pas précisément heureuse.

— Octavie est la femme de chambre ?

— Laquelle composait à elle seule le personnel des serviteurs. Mme de Brignolles n'avait pas de cuisinière, le traiteur apportait les repas. A propos, je vous recommande de surveiller un peu le départ de cette fille, qui m'inspire une médiocre confiance. Vous le savez, je ne suis pas seulement le notaire, mais le vieil ami de la famille. J'allais fréquemment chez Mme de Brignolles, et j'ai entrevu bien des choses... qu'il eût été imprudent de lui dévoiler. Elle était entichée d'Octavie, et elle a voulu qu'on lui laissât la garde de l'appartement et des enfants, jusqu'à ce que le sort de ceux-ci fût dé-cidé. J'ai dû, à mon grand regret, me conformer à cette recommandation suprême.

— J'entends. De fait, la figure de cette pimbêche ne me revient pas. Croyez-vous qu'elle ait exercé sur les petits une funeste influence ?

— Non, certes. Raoul est un bon petit garçon, et la nature de Marcelle est trop noble pour ne pas échapper à certains dangers.

— Avouez, mon cher notaire, que cette petite fille a fait votre conquête.

— J'avouerai tout ce qu'il vous plaira, d'autant plus que vous ne tarderez pas à être de mon avis. Marcelle ne montre pas immédiatement tout ce qu'elle vaut, peut-être à cause de son habitude d'agir sans bruit.

— Ah bien ! ce sera du nouveau pour moi, dit M. Preslier avec un rire sonore. Le bruit est mon élément : les machines et les ouvriers à la papete-rie, les enfants à la maison, n'ont pas accoutumé mes oreilles au silence. »

Après avoir jeté un coup d'œil sur les papiers étalés devant lui, M. Preslier se leva.

« Ce sont là des valeurs de tout repos, dit-il. Je vous laisse le soin d'arranger le reste. Vous conti-nuerez, n'est-ce pas, monsieur, à prendre au mieux les intérêts de vos jeunes clients ? Les gages d'Octavie sont réglés sans doute ?

— Certainement. »

Une cordiale poignée de main termina l'entrevue.

A six heures seulement, M. Preslier remonta les trois étages qui menaient à l'appartement de feu Mme de Brignolles. Il trouva Marcelle occupée à compléter une caisse dans laquelle Octavie avait empilé ses effets. Elle n'entendit pas son tuteur entrer, et celui-ci, faisant signe à Raoul de garder le silence, admira pendant quelques instants la dextérité de la petite fille et les soins minutieux qu'elle apportait à l'accomplissement de sa tâche.

« Bravo, mignonne, dit-il enfin. Ne touche plus à cette caisse, l'ordre est parfait, et tu ne pourrais que le gâter. »

Tout en s'efforçant de sourire, Marcelle tourna vers lui des yeux gonflés par les pleurs.

« Encore du chagrin, reprit-il. Allons, tu n'es pas raisonnable. C'est une séparation momentanée, et toutes les petites filles qui ont des frères passent par cette épreuve sans se désoler.

— Ces petites filles ont un papa et une maman, dit Marcelle à voix basse ; moi, je n'ai que Raoul... »

Il y avait dans cette plainte touchante un tel accent de sincérité, que M. Preslier en fut profondément ému. Sans mot dire, il embrassa l'enfant.

Le repas fut presque silencieux. Raoul s'efforçait de faire bonne contenance, mais il évitait de regarder sa sœur, de peur de se laisser gagner par l'émotion.

La sensibilité de Marcelle éclata de nouveau au moment des adieux. Suspendue au cou de Raoul, elle inondait de ses larmes le visage et le veston du lycéen. Pourtant, quand son oncle dit : « Allons, » elle laissa docilement retomber ses bras en disant :

« Au revoir, frère, aux prochaines vacances.

— Console-toi, petite sœur; trois mois sont vite passés, répondit-il bravement.

— Et l'an prochain, Raoul ne retournera pas à Paris, ajouta le bon tuteur. Il y a d'excellents collèges en province; je le placerai à Poitiers, et nous le verrons au moins tous les mois. »

Après avoir reconduit son pupille au lycée, M. Preslier, qui avait adopté la devise des Américains : *Time is money,* hâta les derniers préparatifs. Un incident inattendu se produisit alors. Octavie s'étant présentée pour prendre congé, l'industriel exigea que les paquets de la femme de chambre fussent ouverts devant lui, ce qui amena la découverte d'une paire de boucles d'oreilles, d'une broche ornée de petites perles, d'une montre et de deux couverts d'argent, sans parler du menu linge.

La malheureuse restait atterrée, se demandant quel sort lui était réservé. Mais M. Preslier ne

songeait point à la livrer à la justice, et, après
l'avoir laissée pendant quelques minutes dans cette
douloureuse incertitude, il se contenta de lui montrer la porte d'un geste autoritaire.

III

Tout était prêt; les clefs de l'appartement avaient
été remises à la concierge, qui acceptait la garde
du mobilier jusqu'à nouvel ordre. Le tuteur et la
pupille montèrent en voiture, pour se rendre à la
gare d'Orléans.

Ce voyage nocturne contrariait un peu M. Preslier à cause de Marcelle, mais il se dit avec raison
que, une fois commodément étendue sur les coussins capitonnés d'un wagon de première classe,
elle y dormirait comme dans son lit. Il choisit un
compartiment, la fit monter et lui demanda si elle
serait bien là. Elle s'empressa de répondre affirmati-
vement. Le bruit, l'incessant va-et-vient, la foule
bariolée qui se pressait et se coudoyait à la lumière
des becs de gaz, les appels stridents du sifflet, tout
cela était une diversion puissante à son chagrin et
à la timidité qui la paralysait quelque peu en pré-

sence de ce parent quasi inconnu. Elle eut même un joli sourire quand M. Preslier étala des gâteaux sur une serviette blanche.

« Tu as bien mal dîné; ce petit supplément ne sera pas de trop, il me semble, » dit l'excellent homme.

Il fut payé par l'appétit avec lequel Marcelle mordit dans les petits fours, tandis que le train s'ébranlait.

« Veux-tu dormir tout de suite? lui demanda-t-il.

— Non, s'il vous plaît, mon oncle. C'est si amusant de voir courir les maisonnettes et les arbres tout noirs.

— Comme tu voudras, » répondit-il placidement.

Et elle continua à regarder fuir à travers la vitre le paysage, auquel le clair de lune prêtait un aspect fantastique.

A Corbeil, une vieille dame monta, chargée d'un parapluie, d'un sac et d'autres objets encombrants. M. Preslier vint à son aide avec la courtoisie d'un homme bien élevé, et Marcelle lui offrit de la débarrasser de ses menus paquets, qu'il était facile de glisser sous les banquettes. Cette proposition obligeante ayant été acceptée, la petite fille demanda à son oncle s'il voulait faire avec elle la prière du soir.

« Raoul et moi la faisions toujours ensemble, dit-elle avec un léger soupir.

— Eh bien ! je remplacerai Raoul, » répondit M. Preslier.

La petite fille fit le signe de la croix et récita à voix haute, très pieusement, les oraisons accoutumées. M. Preslier et la dame y répondirent. Cela fait, le bon tuteur enveloppa Marcelle dans une chaude couverture, et bientôt le wagon fut plongé dans un profond sommeil. Seul, M. Preslier ne dormit guère, gêné à la fois par le sac de sa vieille voisine et par la tête de Marcelle qui avaient glissé sur ses genoux.

Il était quatre heures et demie quand le train s'arrêta dans la petite gare de Blignac. M. Preslier réveilla l'enfant et, remettant doucement le sac de la dame sur la banquette, il étira avec délices ses membres engourdis.

« Sommes-nous au Bois-Rosé, mon oncle? questionna Marcelle.

— Pas encore. Nous sommes à la dernière station, une voiture nous attend... »

Il marcha vers une victoria sur laquelle trônait un gars jeune et vigoureux.

« Tout le monde va bien, Vincent? demanda l'industriel.

— Oui, monsieur, répondit le cocher, soulevant son chapeau avec un large sourire. Il est vrai que

M. Riri s'est couché de mauvaise humeur hier au soir. Ne voulait-il pas me faire promettre de le réveiller à trois heures pour venir au devant de vous ? J'ai demandé l'avis de Mme Varauson, qui n'a pas entendu de cette oreille; mais il a fait tout de même un beau tapage.

— Le petit diable ! Veille sur cette petite fillette, Vincent, pendant que je donnerai ordre de garder les bagages. Tu viendras tantôt, avec le break, les réclamer. »

Vincent sauta à terre, et tout en maintenant son cheval il crut devoir adresser la parole à la petite fille qui, encore mal éveillée, regardait autour d'elle à la pâle clarté du jour naissant.

« Vous ne trouvez pas notre pays aussi beau que Paris, mademoiselle ?

— Je le trouve bien plus beau, au contraire. Ce qui brille là-bas, derrière les arbres, c'est sans doute une rivière ?

— Oui, mademoiselle, c'est la Boivre.

— Il y a un brouillard qui flotte au-dessus et qui enveloppe les coteaux, mais il ne ressemble pas aux brouillards de Paris : il est léger, transparent; on dirait un voile de gaze.

— Ce n'est pas toujours comme ça, mademoiselle. A certains jours, il n'a pas l'air d'un voile, mais d'un gros manteau bien lourd.

— Regardez donc de ce côté, Vincent. Le ciel

est tout rayé de rose, de jaune et de lilas..., et puis c'est comme une flamme qui monte. Qu'est-ce que ça veut dire ?

— Le soleil va paraître, voilà tout, dit Vincent, souriant de cette naïve ignorance.

— Que je suis sotte! J'aurais dû le deviner. Je n'ai jamais vu le lever du soleil à Paris.

— Te voilà en contemplation, petite. Je vois que tu t'accoutumeras à la campagne, dit M. Preslier qui revenait. En voiture, vite! »

Touché par le fouet de Vincent, le cheval partit au trot. Marcelle continua à regarder l'orient, épiant avidement l'apparition de l'astre-roi.

Un faisceau lumineux l'annonça, puis le globe incandescent monta majestueusement dans le pâle azur, trouant de toutes parts la brume diaphane, pailletant d'or la rivière grise, éveillant les insectes dans l'herbe et jetant une brillante écharpe sur la route poussiéreuse. Marcelle laissa échapper un petit cri d'admiration.

Charmé de voir toute rose et animée cette petite figure souffreteuse, M. Preslier entreprit de lui faire remarquer tout ce qui pouvait exciter son intérêt.

« Vois-tu ce château qui émerge d'un bouquet d'arbres, sur la hauteur ? C'est la Couronne, une belle propriété habitée par d'aimables voisins. Tu ne tarderas pas à faire leur connaissance. Les enfants, Hubert et Mary, sont charmants. Cette maison longue et basse, près de la nappe d'eau qui se précipite dans la rivière, c'est le Moulin-Neuf, ainsi nommé parce qu'il n'a guère plus de cent cinquante ans d'existence. Quand nous serons plus près, tu entendras le bruit de la grande roue. »

Marcelle écoutait attentive, et M. Preslier poursuivit son énumération, nommant les hameaux épars dans la campagne et les villas qui s'asseyaient, coquettes, au bord de la route ou sur le penchant des collines.

Maintenant la vie reprenait dans les demeures rustiques. On voyait les ménagères aller et venir affairées; des meuglements sortaient des étables, les coqs lançaient tour à tour un retentissant cocorico, des marmots ébouriffés couraient çà et là. Des travailleurs allant aux champs se croisèrent avec la voiture, et en passant ôtèrent leur chapeau d'un geste amical et respectueux auquel M. Preslier répondit par un salut cordial.

« Mon oncle, quelle est cette drôle de maison qui a de si petites fenêtres? » demanda tout à coup Marcelle.

M. Preslier suivit la direction de son petit doigt.

Sur un plateau découvert, loin de toute autre habitation, s'élevait un grand bâtiment ayant la forme d'un carré long. Sa façade sombre, lugubrement lézardée, percée d'étroites meurtrières qui devaient laisser à grand'peine pénétrer l'air et le

jour à l'intérieur, lui donnait un faux air de prison.
Ce mur noir et crevassé, qui avait subi assurément
l'effort de plusieurs siècles et que ne recouvrait
cependant aucun manteau de lierre, que ne fleurissait pas une touffe de giroflée sauvage, causait
à première vue une impression mal définie d'étouf-
fement et de malaise. Une vulgaire poivrière à
droite, à gauche une élégante tourelle complétaient
la singularité de cette construction.

« Il y a de bien petites fenêtres, comme tu dis,
de ce côté, répondit M. Preslier, mais l'autre
façade est très belle. On appelle cette maison la
Solitude. C'est tout ce qui reste d'un monastère
autrefois florissant. Pendant les guerres de religion,
les partisans de Coligny mirent l'abbaye à sac et
brûlèrent les cloîtres. Il n'en demeura que ce
débris. Le propriétaire actuel l'a fait restaurer sans
aucun goût et seulement pour sa commodité personnelle, ce qui est un véritable vandalisme. Mais
peut-on demander le moindre sentiment du beau
à un tel personnage? »

M. Preslier prononça ce dernier mot avec une
expression de mépris qui allait mal à sa physionomie ouverte et sympathique.

Le chemin montant forçait le cheval à ralentir
son allure. Soudain M. Preslier désigna un groupe
de maisons, couvertes en chaume ou en tuiles
rouges, que surmontait le svelte clocher d'une

église ogivale, et plus haut d'autres toits à demi caché par la verdure.

« Chambrun, dit-il, et tout à l'heure le Bois-Rosé. »

Marcelle sourit. Ce bourg pittoresque, ainsi étagé sur la colline, lui plaisait tout de suite. Elle était heureuse de voir les maisonnettes basses, précédées d'une cour ou d'un jardinet, les portes à claire-voie, les murettes fleuries au lieu des étages superposés et des tuyaux noirs de la grande ville.

La victoria traversa le bourg, faisant aboyer les chiens et attroupant sur la place les gamins joufflus et barbouillés.

« Pas besoin de te caresser le dos à présent, Hamlet, dit Vincent à son cheval. Tu sens l'écurie, mon camarade. »

Comme s'il eût compris, Hamlet répondit par un hennissement de satisfaction. Il était sorti du bourg et dévalait une pente douce, délicieusement ombragée. Au moment où le chemin tournait brusquement, une voix enfantine cria :

« Arrêtez. »

Semblable à un diablotin de théâtre, un petit bonhomme avait surgi des buissons qui bordaient la route et, sans attendre que Vincent eût arrêté tout à fait son cheval, il grimpait dans la victoria.

« Riri, petit drôle, comment oses-tu ? au risque de te faire écraser...»

Le ton sévère était involontairement démenti par le demi-sourire. Le bambin ne s'y trompa point. Il ébouriffa ses cheveux blonds qu'il portait encore longs et bouclés, les rejeta des deux mains en arrière et sauta au cou de M. Preslier en fixant sur lui ses yeux bruns, pleins de malice et d'audace.

« J'ai voulu t'embrasser plus tôt, papa, et c'est comme cela que tu m'accueilles! Fi! le méchant petit père! »

M. Preslier l'avait pris sur ses genoux et baisait son front couvert de sueur.

En les contemplant, le cœur de Marcelle se gonflait malgré lui. Ce cœur-là, très aimant et très avide de tendresse malgré la tranquillité qui enveloppait la petite personne de notre héroïne, n'avait jamais senti un rassasiement complet. Elle ne gardait de son père qu'un bien vague souvenir. Sa mère revivait mieux dans sa mémoire. Elle la revoyait pâle et triste, la taille ployée, les yeux rougis. Sans doute la vie était dure pour la jeune veuve. Quelquefois elle prenait ses enfants sur ses genoux et les embrassait passionnément en les appelant : « Pauvres petits orphelins! » puis se reprochant de les avoir attristés, elle reprenait un enjouement factice et, avec un sourire presque aussi douloureux que les larmes, feuilletait pour eux le livre du passé, de son passé de fillette insouciante et

heureuse. Plus souvent, absorbée par le mal inexorable dont elle mourait, elle semblait avoir oublié
jusqu'à leur présence. Alors Marcelle se blottissait
dans un coin de la pièce sombre et mal meublée
qui servait à la fois de salon et de chambre à coucher; elle serrait sa poupée dans ses bras, lui pro-
diguait les noms les plus doux, la comblait de
caresses. Mais ses lèvres se glaçaient au contact
des joues froides, elle se lassait de l'éclat stupide
des yeux d'émail et du perpétuel sourire qui découvrait les dents blanches. Elle comprenait que c'était
là un objet insensible, un corps sans âme qui ne
pouvait rendre amour pour amour, et découragée
elle laissait tomber la poupée sur le tapis usé.

Plus tard, transportée à Paris, elle souffrit de
l'indifférence non déguisée de Mme de Brignolles;
elle eut des révoltes intimes en face des rebuts qui
la meurtrissaient. Puis, l'aïeule égoïste et frivole
disparue à son tour, la petite plante étiolée se
voyait transplantée dans une terre inconnue. Celle-
ci lui serait-elle plus clémente?

Peut-être. Son tuteur était bon et elle trouvait
tout à fait sympathique le charmant espiègle qui
répondait au nom de Riri.

Ce fut lui qui interrompit les tristes réflexions
de Marcelle. Il l'embrassa deux ou trois fois, la
tutoya tout de suite, et se plaçant en face d'elle
lui fit subir un minutieux interrogatoire.

« Bon ! Je sais tout ce que je voulais savoir, dit-il gravement quand il fut satisfait, et je vais te renseigner à mon tour, car tu n'es jamais venue au Bois-Rosé et tu n'y connais rien ni personne. La maison est très grande et très commode. Je ne sais pas si tu l'aimeras autant que moi, je crois bien que c'est impossible. Il y a de bonnes cachettes, tu verras. Aimes-tu à jouer à cache-cache ? »

Marcelle secoua la tête.

« Nous n'y jouions jamais chez grand'mère. Ce ne serait pas facile à Paris.

— Nous y jouons, nous, quand Hubert et Mary de Grévodan viennent nous voir. C'est tout à fait amusant. Il y a beaucoup de jolies choses au Bois-Rosé : le jardin, le bois, l'escarpolette qui est entre deux grands ormeaux, le pavillon de la charmille qui nous sert de salle d'étude en été. Quant aux habitants, je vais te les nommer.

« 1º Papa, que tu connais un peu. Je ne veux pas te dire qu'il est le meilleur de tous les papas passés, présents et futurs. Tu t'en apercevras bien toi-même.

« 2º La tante Brigitte. Elle est un peu vieille et gronde souvent pour tâcher de paraître sévère.

« 3º Mlle Clarisse Hervé, l'institutrice de ma sœur et la mienne, jusqu'à ce que j'entre au collège. Tante Brigitte l'appelle Clarisse tout court. Elles sont en guerre quelquefois à propos... autant te le dire tout de suite : à propos de moi. Je ne suis pas toujours aussi sage qu'il le faudrait, et tante Brigitte trouve mademoiselle trop indulgente. Sais-tu ce que je fais, quand j'entends cela?

— Non, dit Marcelle, que le babil de son petit cousin amusait beaucoup.

— Eh bien, je deviens sage comme une image, je récite mes leçons sans manquer une syllabe, je fais des pages d'écriture admirables, et pendant huit jours mademoiselle chante mes louanges.

— Pendant huit jours seulement?

— Dame! tu comprends, je ne suis pas encore un petit saint. Ça viendra, j'espère. Où en étais-je?

« 4º Ralph...

— Comment, Riri! dit M. Preslier, ton chien avant ta sœur.

— Je vais t'expliquer, papa, répliqua Riri imperturbable. Frédérique s'est fâchée parce que j'ai cassé sans le vouloir son azalée blanche. C'était très injuste, elle mérite une punition. Donc Ralph est un très bon chien. Il ne se met jamais en colère, lui, il ne me taquine pas et se laisse tirer les oreilles. Aussi nous sommes bons amis.

« 5º Ma sœur Frédérique : quinze ans, bonne fille quand elle n'est pas dans ses mauvais jours, mais toujours prête à s'impatienter. Nous nous brouillons vingt fois par semaine et ça ne nous empêche pas de nous aimer.

« 6º Jeannette, la cuisinière.

« 7º Clémence, la femme de chambre.

« 8º Vincent que tu vois là. Il soigne le cheval, conduit la voiture et fait beaucoup d'autres choses. Je l'aime bien parce qu'il est très complaisant.

« 9º Isidore, le vieux jardinier, surnommé Fagot d'épines à cause de son mauvais caractère.

« 10º Henri ; c'est moi. On m'appelle Riri par amitié. »

Ici, le petit garçon se mit debout et cria :

« Voici le Bois-Rosé, et j'aperçois mademoiselle et Frédérique sur le perron. Hourra pour les voyageurs ! »

Marcelle se retourna.

Hamlet se disposait à franchir une large grille peinte en vert, derrière laquelle s'étendait une magnifique pelouse au gazon bien tondu, uni comme du velours et parsemé de fleurettes qui, toutes, enchâssaient une gouttelette de rosée. Un perron cintré conduisait à la maison construite en belles pierres de taille, que le temps avait revêtues d'une riche teinte ambrée. Une vigne courait au bas des fenêtres du premier étage et une glycine enlaçait au balcon du second son léger feuillage et ses grappes d'un violet éclatant. Derrière la maison, un petit bois de hêtres, dont les troncs lisses et les têtes vertes s'avançaient un peu de chaque côté.

Toutes ces choses baignées par le soleil levant, dans l'air vif de cette claire matinée d'avril, avaient l'air de souhaiter la bienvenue à Marcelle.

Elle ressentit très vivement cette impression, et le reste de crainte qu'elle éprouvait encore se dissipa comme par enchantement.

« Je ne vois pas la papeterie, dit-elle. Je la croyais près de la maison.

— Mais non, répondit M. Preslier. Ne t'ai-je pas dit que je n'ai pas voulu gâter le paysage? Regarde là-bas, à droite, ces constructions en briques rouges et ces hautes cheminées. C'est de là que vient notre bien-être. Mon père m'avait laissé peu de fortune, mais la Providence a béni mes efforts et m'a fait trouver dans l'industrie une source de prospérité, et non seulement pour ma famille, mais pour les nombreux ouvriers, tous gens du pays, employés à la papeterie. N'est-il pas vrai, Frédérique, que nous aurions beaucoup de chagrin si nous ne voyions plus fumer ces cheminées-là? »

Pendant ce dialogue, la voiture s'était arrêtée au bas du perron dont une jeune fille avait lestement descendu les degrés.

« Ah! je crois bien, papa, répondit-elle en embrassant M. Preslier. Si les cheminées ne fumaient plus, c'est que l'usine serait fermée et ce serait la ruine pour le pays. »

Derrière la jeune fille, descendait posément une

femme d'un âge mûr, à la toilette simple et correcte
à la fois. La petite vérole avait laissé sur sa figure
des traces ineffaçables, elle l'avait littéralement
percée comme une écumoire; mais le sourire intelligent et bon faisait oublier cette laideur. M. Preslier la salua respectueusement et s'adressant à
Marcelle:

« Mlle Clarisse Hervé qui veut bien se charger
de ton éducation, mon enfant, et ta cousine Frédérique. »

La petite fille offrit timidement son front au
baiser de l'institutrice, puis à celui de sa cousine.

Frédérique était une longue et maigre adoles-
cente, qui participait dans une large mesure aux
disgracieux privilège de l'âge ingrat: elle avait les
membres anguleux, le menton pointu, les joues
creuses et couvertes de taches de rousseur, les
mouvements gauches et brusques. Plus tard, cette
laide fillette serait peut-être une femme charmante. En attendant, elle avait un regard franc et
un air de bonne humeur qui lui donnaient avec
son père une frappante ressemblance.

En sautant à bas de la voiture, Riri s'était
éclipsé. Il reparut à ce moment, suivi d'un chien
de montagne qui n'avait pas encore pris sa crois-
sance.

« Marcelle, je te présente mon ami Ralph, dit-il.

— Il faut lui apprendre à connaître Marcelle,

s'écria Frédérique. Vois-tu? petite cousine, notre chien n'est pas avenant pour tout le monde, il réserve ses faveurs pour ses seuls amis. Viens ici, Ralph. »

Elle prit les deux pattes de devant du chien et les posa sur les épaules de Marcelle qui recula d'abord, légèrement effrayée. Du reste, le montagnard fut bon prince: il poussa un petit grognement que Riri déclara être son bonjour à lui, et daigna lécher les mains de la fillette en signe d'amitié.

« Où est la tante Brigitte? questionnait pendant ce temps M. Preslier.

— Je crois avoir entendu sa voix dans la cuisine, papa, répondit Frédérique.

— C'est bon, je vais lui présenter Marcelle. Viens, petite. »

M. Preslier suivit un corridor pavé de losanges noirs et blancs, et poussa une porte entre-bâillée.

Trois cuisines parisiennes auraient tenu à l'aise dans cette pièce, dont l'air de gaieté plut immédiatement à Marcelle. La lumière entrait librement par une croisée qui ouvrait sur la pelouse; les carreaux rouges du pavé brillaient de propreté, on aurait pu se mirer dans chacun des ustentiles de cuivre suspendus au mur. Une immense cheminée, comme on n'en voit plus que dans de vieilles maisons, abritait sous son manteau un banc de chêne noirci, et sur ce banc était assise une femme de plus de soixante ans. Des bandeaux gris, bien lisses, encadraient son visage qui n'avait jamais été beau, mais qui gardait un reste de

Mᵐᵉ Brigitte tricotait activement sans regarder son travail.

fraîcheur. De petits yeux, gris aussi, doués d'une extrême vivacité, rendaient cette figure très expressive.

Son costume dénotait un mépris absolu des lois de la mode. Une robe, grise comme sa chevelure et ses yeux, un col et des manchettes de toile, un étroit tablier d'alpaga en faisaient tous les frais.

Tout en grondant une jeune servante qui, le coin du tablier passé dans la ceinture, écoutait ses observations avec une mine qui n'annonçait pas un trop grand effroi, Mme Brigitte tricotait activement sans regarder son travail. Aussi tourna-t-elle aussitôt les yeux vers M. Preslier auquel elle tendit une main un peu grande, mais bien faite.

« Ton voyage a été bon, Alfred?

— Très bon, cousine, et j'amène ma pupille, un oisillon de Paris qui chantera dorénavant dans nos bocages poitevins.

— Oui-da, et tu ne t'es pas demandé si son ramage s'harmonisera avec celui de nos oiseaux. Mieux valait le mettre en cage, mon ami.

— Je ne le pense pas, cousine. Les enfants parisiens sont frêles, et puis... »

Il se pencha et murmura à l'oreille de Mme Varauson:

« Sa grand'mère a laissé si peu de chose. Les revenus n'auraient pas même suffi pour une bonne pension, au lieu que, accumulés par les soins du notaire, ils augmenteront un jour sa dot. »

Mme Brigitte sourit de sa bouche largement fendue et de ses petits yeux clairs.

« Il fallait dire tout de suite que tu voulais faire une bonne œuvre, répliqua-t-elle sur le même ton. Puisqu'il en est ainsi, sois la bienvenue, fillette, ajouta-t-elle plus haut. Tu vas te promener beaucoup, n'est-ce pas? courir, sauter, prendre un bain de grand air. C'est ça qui donne de l'appétit et de belles couleurs. Mais avant tout, tu vas déjeuner avec ton tuteur. Le chocolat est bouillant.

— Ne le laissons pas refroidir, dit **M.** Preslier de sa voix sonore. Le voyage m'a donné une faim d'ogre. »

IV

Riri donna à peine à sa cousine le temps de déjeuner. Bien que la journée lui appartînt, — il avait congé en l'honneur de l'arrivée de Marcelle, — il lui tardait de faire à celle-ci les honneurs de son domaine. Dès que la petite fille eut avalé sa dernière gorgée de chocolat, il l'entraîna hors de la salle à manger. Frédérique les accompagna. Comme toutes les jeunes filles sagement élevées, elle était restée enfant par plus d'un côté et ne dédaignait pas, à l'occasion, de partager les jeux de son petit frère.

Notre Marcelle n'était habituée ni aux appartements spacieux, ni au large horizon qu'on découvrait de chaque fenêtre. La visite de la maison l'enchanta à ce double point de vue. Elle se trouvait en présence d'une chose dont elle n'avait pas soupçonné l'existence : une grande simplicité, l'absence de toute recherche unie à un confort véritable et même à une certaine grandeur. La plupart des meubles étaient anciens, quelques-uns réellement beaux. On trouvait çà et là des tentures de lampas, de jolies terres cuites, des eaux-fortes, des curiosités rapportées de tous les points du globe par un oncle qui avait été marin. Ces objets, il est vrai, étaient disposés sans beaucoup de goût ; mais du jour où une main expérimentée en prendrait soin, ils donneraient à la vieille demeure un aspect original et artistique qui en accroîtrait le charme.

« Voici ta chambre, dit Frédérique à sa cousine. Il y a une porte de communication avec la mienne, et si tu as peur tu pourras la laisser ouverte.

— Je ne suis pas peureuse, » répondit Marcelle.

Elle regardait la chambre qu'on avait préparée pour elle : des meubles simples, au milieu desquels s'égaraient un gentil chiffonnier en bois de rose et une petite table en marqueterie, deux bijoux ; un papier gris de lin criblé de bluets et de petites roses, un bénitier surmonté d'un ange gardien, deux belles gravures : *l'Enfant Jésus au milieu des docteurs* et la *Fuite en Égypte,* un bouquet de violettes fleurissait aux pieds d'une Vierge d'albâtre, c'était tout.

« La jolie chambre ! » s'écria la petite fille.

Elle était sincère. Les rideaux blancs, les fraîches fleurettes, le paysage riant qui s'encadrait dans la baie de la fenêtre, tout cet ensemble gracieux lui donnait l'impression d'un sourire de Dieu sur sa jeune vie, jusqu'alors deshéritée.

« J'ai cousu hier la dentelle aux rideaux, dit Frédérique, afin que Clémence pût les poser hier au soir.

— Et c'est moi qui ai cueilli les violettes, ajouta Riri; il y en a beaucoup dans le bois. Si tu les aimes, je t'indiquerai les bons endroits.

— Comme vous êtes aimables! murmura Marcelle. Comme tout le monde est bon pour moi ! »

Son cœur s'épanouissait dans cette chaude atmosphère, il s'ouvrait tout grand à la gratitude, et ce sentiment nouveau fit monter des larmes dans ses yeux bleus.

« Il ne faut pas pleurer pour cela, dit Riri. Nous t'aimons déjà, nous autres. Est-ce que tu ne veux pas nous aimer aussi?

— Si, oh ! si, je vous aime, » dit-elle avec élan.

Après la maison, Marcelle visita le jardin, que les arbres en fleurs couvraient d'une neige parfumée. Elle courut dans les allées capricieuses, elle respira l'odeur des muguets qui commençaient à fleurir dans un coin ombreux, elle s'assit sous le berceau de vigne vierge, et Riri vint déposer sur ses genoux une grosse gerbe de lilas. Jamais Marcelle ne s'était vue à pareille fête. Ses yeux brillaient comme deux étoiles, et son rire argentin résonnait sans cesse comme une musique douce et voilée.

Le bois acheva de l'enthousiasmer.

Il était si tranquille, si peu dangereux, que les enfants avaient la permission de s'y promener seuls. Frédérique et Riri menèrent leur cousine, par des sentiers bordés de buissons qui dans quelques jours allaient se vêtir de blanches étoiles, à des clairières ravissantes où les violettes étendaient sous les pieds un tapis parfumé, où les alléluias fleurissaient, où les grandes fougères découpaient leur dentelle délicate.

Là-haut, les têtes feuillues des hêtres se balançaient avec des frissons ; le soleil envoyait de vifs scintillements, des chatoiements inattendus à travers la ramée ; des papillons voletaient dans une poussière d'or ; moineaux, merles, loriots et pinsons sifflaient, piaillaient, s'égosillaient à qui mieux mieux, et sur une grosse branche, seulement un peu au-dessus des enfants, une fauvette construisait son nid.

C'était la nature, non plus la nature artificielle et factice que Marcelle avait vue au bois de Boulogne, mais la vraie nature, telle qu'elle est sortie des mains de son Créateur, toujours surabondante de jeunesse, exubérante de vie et de fécondité, louant Dieu par ses mille voix et forçant l'orgueil de l'homme à s'incliner devant les magnificences divines.

Les trois enfants passèrent là des heures charmantes.

La cloche du dîner les ramena au logis. Marcelle avait les joues très roses, l'œil animé, la démarche plus vive, et le premier mot de la tante Brigitte en la revoyant fut :

« Quelle bonne mine tu as, petite ! »

La semaine s'écoula sans incidents. Au Bois-Rosé, on s'était habitué tout de suite à la présence de Marcelle, ou plutôt on n'avait pas eu besoin de s'y habituer. L'enfant était si petite, si douce, si tranquille, qu'elle passait presque inaperçue. A la salle d'étude où elle travaillait avec application, à table où elle était ordinairement silencieuse, aux récréations où cependant elle s'amusait de tout son cœur, elle semblait redouter d'attirer l'attention. On ne l'avait pas vue, on ne pensait pas même à elle, et elle se trouvait là, semblable à un génie familier, pour glisser un pouf sous les pieds de son oncle, pour ramasser le tricot échappé à Mme Varauson, pour jeter un châle sur les épaules de Mlle Clarisse, qui était à la fois très frileuse et

très oublieuse, et qui laissait fréquemment dans
sa chambre le plaid dont elle aimait à s'envelopper
pendant les soirées encore fraîches.

On la remerciait d'un sourire, d'une tape ami-
cale sur sa joue blanche, et elle se sentait satis-
faite. Après le souper, elle feuilletait des livres ou
des albums avec Riri, tournant doucement les
pages, énonçant à voix presque basse des remarques
généralement justes. Elle tenait peu de place, elle
faisait peu de bruit. Elle n'était pas de celles qui
prennent les cœurs d'assaut, mais elle pouvait les
gagner peu à peu, et mieux encore les retenir.

Le dimanche, toute la famille assistait à la
grand'messe, et Mme Brigitte avait fort à faire pour
aiguillonner les enfants, qui ne seraient jamais
prêts à temps si elle ne s'en mêlait, affirmait-elle.
De fait, il arrivait à Frédérique de s'oublier devant
son miroir, et Riri choisissait invariablement cette
heure pour mettre sur la table de la salle à manger
les armées française et allemande en présence.

Rarement la victoire avait le loisir de se décider
en faveur de l'un ou de l'autre parti. La tante Brigitte entrait en coup de vent, son chapeau orné de
rubans violets et de chrysanthèmes (ses fleurs favo-
rites) posé de travers sur ses cheveux gris, ses
mitaines de filoselle à la main, et, d'un revers de
cette même main, renversait pêle-mêle dragons et
uhlans, shakos et casques à pointe, canons Krupp

et fusils Lebel; après quoi elle inspectait d'un œil sévère le costume du petit garçon, arrangeait les plis de la blouse russe, plaçait un béret blanc sur ses cheveux bouclés et l'emmenait d'autorité au premier étage, où elle gourmandait Frédérique, qui refaisait pour la dixième fois un nœud de dentelle.

Le dimanche qui suivit l'arrivée de Marcelle, Mme Varauson entra brusquement chez elle, croyant avoir à gronder là aussi; mais elle eut une agréable surprise : la petite fille était habillée et attendait qu'on l'appelât.

« A la bonne heure! tu ne me feras pas impatienter, toi, » dit-elle.

Du Bois-Rosé à Chambrun, la route était charmante. Elle serpentait entre des champs verts, coupés de haies vives, du milieu desquelles s'élevait un concert de gazouillements... la prière des petits oiseaux, disait Riri. Comme des perles semées à profusion dans l'herbe des talus, on voyait briller les pâquerettes rosées. L'horizon, rétréci à droite par le rideau de peupliers qui masquait la Boivre, s'étendait à gauche en molles ondulations jusqu'à des coteaux boisés, de la masse desquels émergeait çà et là le clocher d'une église ou la tourelle d'un château. Riri courait en avant, poursuivait tous les papillons, cueillait des herbes, qu'il répandait à pleines mains sur sa sœur et sa cousine. On le laissait faire avec indulgence. Était-ce la faute de

ce petit être s'il avait du vif-argent dans les veines?
D'ailleurs il prit une allure plus posée en arrivant
au bourg.

L'église de Chambrun, bâtie au XIIe siècle, offrait
un assez curieux spécimen de l'architecture dite
angevine, avec son vaisseau divisé en travées car-
rées, les belles nervures de la voûte et la rosace
qui ornait l'abside. Les Preslier gagnèrent leur
banc au moment où le curé commençait l'*Asperges*.
Marcelle, les mains jointes sur l'accoudoir recou-
vert de velours, pria avec un air d'ange adorateur,
et Riri lui-même, imposant une trêve à sa pétu-
lance, lut gravement dans son paroissien et mêla
sa voix claire aux voix suraiguës des enfants de
l'école, qui chantaient le *Gloria* et le *Credo*. L'office
fini, la famille de l'industriel fut abordée sur la
place par une dame encore jeune et deux enfants.
D'amicales salutations furent échangées, et M. Preslier s'informa de M. de Grévodan.

« Vous ne le verrez pas aujourd'hui, répondit la
jeune femme avec un léger accent anglais; il est
à Poitiers, où ses affaires le retiendront une partie
de la semaine. Mais votre famille s'est bien subitement augmentée, monsieur, ajouta-t-elle en regardant Marcelle.

— Cette enfant est ma parente et ma pupille,
madame. Ne vous ai-je pas parlé l'autre jour d'une
tante morte récemment à Paris?...

— Qui laissait des petits enfants complètement orphelins, acheva Mme de Grévodan à demi voix. Pauvre petite! c'est bien triste... »

Mᵐᵉ Varauson entra brusquement chez elle.

Pendant qu'elle poursuivait sa conversation avec les grandes personnes, les enfants s'étaient mis à causer de leur côté.

Hubert de Grévodan avait quatorze ans. Brun,

mince et robuste, il se développait au grand air dans des conditions hygiéniques des plus favorables, sans que son éducation, confiée aux soins d'un excellent précepteur, eût à souffrir de ce régime. L'énumération de ses talents, faite avec emphase par Riri, émerveilla Marcelle. Il faisait des armes, montait à cheval, nageait comme un poisson, tuait les lièvres à la course et les perdrix au vol, etc., etc.

« J'en ferai autant quand je serai un peu plus grand, conclut Riri. Papa me donnera un cheval, c'est promis, et peut-être que, pour mes étrennes, j'aurai un fusil, un vrai, qu'on charge avec du plomb... »

La sœur d'Hubert, Mary (elle devait ce prénom à sa mère, qui était Anglaise), était une fillette de onze ans, blonde, blanche et rose, avec des traits mignons, des yeux brillants et une jolie fossette au menton. Marcelle fut gagnée tout de suite par la douceur de son sourire.

« Nous serons amies, lui dit Mary en l'embrassant. Frédérique est un peu grande pour moi. Vous, c'est différent; je suis sûre que nous nous entendrons très bien. Probablement nous irons vous voir après les vêpres. »

A ce moment, Marcelle entendit Mme de Grévodan dire d'un ton ironique :

« Quelle merveille! l'Ermite se promène aujourd'hui dans les lieux fréquentés. »

La petite fille jeta les yeux autour d'elle avec
une curiosité toute naturelle. Ce mot *ermite* éveil-
lait dans son imagination l'idée d'un être quasi
fantastique, vêtu d'une tunique grossière, ayant
une grande barbe et des cheveux incultes, et s'ap-
puyant sur un bâton. La barbe surtout est un
appendice indispensable, et celle de tout ermite
qui se respecte ne peut descendre moins bas que
la ceinture.

Mais Marcelle eut beau regarder de tous ses yeux,
rien de semblable ne se montrait parmi les groupes
attardés. Des paysans en blouse glacée, les souliers
bien cirés, le chapeau un peu en arrière sur leur
tête rasée, la figure rougeaude et placide; des
paysannes avec leurs jupes éclatantes, leurs fichus
à pointe et la blanche coiffe, qui va si bien aux
visages hâlés par le soleil; des enfants gênés par
leurs atours du dimanche, voilà tout.

« Pensez-vous qu'il saluera en passant? reprit
la jeune femme.

— Il fera bien de s'abstenir, riposta Mme Brigitte.
Les honnêtes gens ne rendent pas le salut à un
monsieur de cette espèce.

— Les bruits fâcheux qui circulent sur son
compte sont peut-être dénués de fondement, fit
observer Mlle Hervé.

— Allons donc! Clarisse, vous m'impatientez
avec votre manie d'excuser tout le monde. La cha-

rité est la reine des vertus, mais quand une chose
vous saute aux yeux on ne peut nier son existence, ce serait une absurdité. Qui a ruiné le fer-
mier du Bas-Breuil, si ce n'est ce Mathizie? Voilà
un homme presque riche autrefois, et qui, avec
sa vieille mère, sa femme malade et ses six petits
enfants, est à présent sur la paille. Et il n'est pas
le seul. Mathizie est une sangsue, il ne lâche pas
sa victime avant d'en avoir tiré jusqu'au dernier
écu.

— Mais il y a des lois pour châtier de tels crimes,
murmura Mme de Grévodan.

— Il y a aussi, répondit à voix basse M. Preslier, des habiletés machiavéliques qui permettent
de commettre des infamies en narguant les rigueurs
du Code.

— C'est affreux. Mais chut! le voici. »

Marcelle aperçut alors un promeneur qu'elle
n'avait pas vu venir. Il eût été également difficile
de préciser son âge et sa position sociale. Ses
cheveux noirs, parsemés de rares fils d'argent, et
la vivacité de sa tournure lui donnaient un air de
verdeur que démentaient ses épaules voûtées et
ses joues plissées comme de vieilles pommes. Le
même contraste s'accusait dans son costume. Il
portait une redingote râpée d'une nuance indéfinissable, son chapeau rougi montrait la corde;
mais sa canne avait une pomme d'or, une chaîne

ornée de breloques s'étalait sur sa poitrine et un gros brillant attachait sa cravate.

De près, sa figure inspirait une sorte de répulsion mêlée de crainte, quelque chose comme l'impression qu'on éprouve à la vue d'un serpent. Le front bas fuyait sous les cheveux drus et rudes; la bouche, une fente rougeâtre presque sans lèvres, s'élargissait dans un rictus méchant; le nez avait cette courbure particulière propre aux oiseaux de proie; de petits yeux, dont il était impossible de deviner la couleur, luisaient comme ceux des chats et des loups-cerviers, sous le double abri des sourcils touffus et des lunettes bleues. Il s'avançait sans se presser, touchant d'un geste dédaigneux le bord de son chapeau pour répondre au salut très bas de quelques paysans, ses débiteurs sans doute. Un instant il regarda le groupe formé par les familles Preslier et de Grévodan, puis il détourna la tête.

« C'est ce monsieur qui est l'Ermite? murmura Marcelle en le suivant des yeux.

— Quel air étonné tu prends! dit Frédérique.

— Mais il est habillé comme tout le monde. Pourquoi l'appelle-t-on l'Ermite?

— Parce qu'il ne fréquente personne, répondit Hubert.

— Et peut-être aussi parce que sa maison se nomme la Solitude, ajouta Mary.

— La Solitude, c’est ce grand bâtiment si drôle que j’ai vu sur la route, reprit Marcelle.

— Tu n’as pas vu le beau côté, dit Frédérique. Je ne m’y connais guère, mais les amateurs de vieilles pierres tombent, dit-on, en extase devant la façade. J’ai visité autrefois l’intérieur. On rencontrait à chaque pas des débris de sculptures, des tronçons de colonnes, des statues mutilées ; mais la chapelle était encore si jolie ! En ce temps-là, M. Mathizie n’en était pas le propriétaire ; il n’habite le pays que depuis trois ans.

— La commune a fait une sottise en vendant la Solitude à cet étranger, fit Hubert. Papa l’a souvent déploré. Les soi-disant réparations qu’il a fait exécuter pour rendre la maison habitable l’ont gâtée aux yeux des archéologues. M. Mathizie est un ignorant.

— C’est un usurier, cria Riri. Sais-tu ce que cela signifie, toi, Marcelle ?

— Pas du tout.

— Moi non plus. Je l’ai demandé à tante Brigitte, elle m’a répondu : « Cela veut dire rien qui « vaille. »

Les enfants rirent de cette réponse peu lumineuse.

« Vous riez, vous autres, et je parie que vous n’en savez pas plus long, » dit Riri.

Ils se regardèrent un peu embarrassés. Leurs

notions sur l'usure n'étaient pas assez claires pour
leur permettre d'en fournir une définition satisfai-
sante.

V

Celui dont on s'occupait ainsi poursuivait tran-
quillement son chemin, sa canne sous le bras,
son mauvais rictus aux lèvres, et, sous ses lunettes,
ses yeux, qu'on devinait perçants, examinant avec
une certaine complaisance les fermes et les maisonnettes, les prés et les champs placés sur son
passage. Bien qu'il fût au pays, comme l'avait dit
Frédérique, depuis trois ans à peine, plusieurs,
parmi les possesseurs de ces petits domaines, lui
payaient un tribut onéreux; d'autres, indé-
pendants jusque-là, y viendraient à leur tour.
M. Mathizie en était sûr : il avait pour les y
amener des moyens infaillibles, connus de lui
seul, et c'était là peut-être l'explication des
regards de tendresse qu'il jetait sur les propriétés
rustiques.

Il suivit la grande route jusqu'au calvaire qui se
dressait à un kilomètre du bourg. Là, il tourna à

droite et s'engagea dans des chemins de traverse qui le conduisirent rapidement chez lui.

Certes la Solitude n'était point une demeure vulgaire. Depuis le portail ogival, surmonté d'une croix, au-dessus de laquelle se déroulait une longue procession d'apôtres, de vierges et de martyrs, jusqu'aux guirlandes délicatement fouillées qui entouraient les fenêtres, jusqu'à la statue de saint Bernard, sous son dôme soutenu par huit sveltes colonnettes, cette façade était une admirable page de pierre. Malheureusement une ignorance évidente ou, qui sait? un vandalisme voulu avait mutilé sans pitié ce bijou gothique. Plusieurs croisées avaient été bouchées. Dans les autres, murées à moitié, les verrières peintes étaient racommodées avec des morceaux de verre commun. Une tourelle, qu'il eût été facile de consolider, avait été rasée. Une laide petite porte, munie de verrous solides, remplaçait le portail. En outre, les ouvriers maladroits qui avaient réparé le mur avaient barbouillé de plâtre les têtes de saints et d'anges, les rinceaux et les fleurs. Tel qu'il était cependant, ce logis eût encore séduit un archéologue.

Mais M. Mathizie n'avait aucun goût pour l'archéologie, et la beauté de ces vieilles pierres était le cadet de ses soucis. Ce qu'il prisait fort, ce qui avait déterminé son choix, c'était l'épaisseur des murailles, qui ne nécessiteraient point de son vivant une seconde réparation.

Il tira une clef de sa poche, l'introduisit dans la serrure et pénétra dans le corridor voûté qui desservait le rez-de-chaussée.

La lumière y était jadis répandue à profusion, mais, nous l'avons dit, afin de diminuer d'autant l'impôt à payer sur les portes et fenêtres, M. Mathizie avait fait boucher totalement plusieurs ouvertures et la moitié de celles qui restaient. Les croisées du corridor n'avaient point échappé à cette mutilation, grâce à laquelle une obscurité presque complète régnait en plein jour sous les arceaux.

« Moi et ma servante, nous nous y dirigerons toujours bien, avait dit le propriétaire. Les autres n'ont pas besoin de voir clair chez moi. »

Il se dirigeait en tâtonnant dans ces ténèbres, et, ses yeux s'y étant bientôt accoutumés, il distingua plusieurs portes. L'une d'elles était entre-bâillée. M. Mathizie huma en passant d'odorantes effluves.

« Mon dîner est-il prêt, Corentine ? demanda-t-il.

— Oui, monsieur, » répondit une voix grave.

Il entra dans une salle à manger garnie d'un petit nombre de meubles vieux et vulgaires, qui offraient un contraste choquant avec ses dimensions majestueuses. Le couvert était mis sur la table recouverte de toile cirée. M. Mathizie s'assit, et au même instant la servante apporta un bifteck des plus appétissants, flanqué de pommes de terre dorées.

Toute sa vie, M. Mathizie avait sacrifié à trois idoles : la cupidité, la haine, la gourmandise. C'était l'or qu'il préférait ; mais après le tintement joyeux et le fauve éclat du métal il n'aimait rien tant qu'un plat délicatement apprêté, et apprêté pour lui seul. La présence d'un autre convive eût gâté son plaisir.

Il attaquait le bifteck et les pommes croustillantes avec un appétit aiguisé par sa longue promenade, et il ne voyait pas que la servante était restée sur le seuil de la salle, ayant dans le regard une expression indéfinissable.

Un peintre eût admiré en cette Corentine un type qui sortait du banal. Une jupe noire à plis droits et lourds et un châle également noir, croisé sur le corsage, lui composaient un costume quasi monacal ; sa petite coiffe bretonne, que dépassaient sur les tempes d'imperceptibles bandeaux gris, découvrait en revanche son chignon encore volumineux. Corentine avait dû être belle et les années, en lui enlevant sa fraîcheur, avaient respecté la pureté des lignes de son visage et peut-être avivé l'éclat de ses yeux gris, singulièrement profonds. Dans sa pose sculpturale, avec sa taille grande et droite et la tristesse solennelle empreinte sur ses traits, elle était presque majestueuse.

Et, sans doute, la fixité de son regard se fit sentir à M. Mathizie, car il se retourna brusquement.

« Que fais-tu là ? » dit-il d'un ton rude.

Elle répondit :

« J'attends que monsieur parle.

— Que veux-tu donc que je te dise? » cria-t-il avec emportement.

Elle ne s'en émut pas et reprit :

« Vous êtes allé au bourg, monsieur. Vous y étiez pour la sortie de la grand'messe, vous avcz vu la famille Preslier.

— C'est possible. Après?

— Elle était là, *elle,* et vous l'avez reconnue. »

Il eut un rire forcé.

« Non, ma chère, je ne puis reconnaître des gens que je n'ai jamais vus.

— Ne mentez pas, monsieur, dit Corentine. Pourquoi faire un péché de plus? Vous n'avez pu méconnaître une enfant qui est le vivant portrait de son père. Quand je l'ai aperçue hier, à la grille du Bois-Rosé, mon cœur a sauté dans ma poitrine. Le passé se dressait devant moi, je retrouvais le pauvre petit Marcel. Ce sont ses membres chétifs, ses cheveux blonds, son air de douceur; ce sont ses yeux surtout. Oh! monsieur, c'est aussi son cœur. Elle a donné la tartine de son goûter à la petite mendiante qui était là, en regardant du côté de la maison pour s'assurer qu'on ne la voyait pas. Quand elle remarqua ma présence, elle rougit et s'enfuit comme si elle avait commis une mauvaise action. Son père, vous dis-je, absolument son père. Je m'en allai à regret, j'aurais voulu savoir... Par bonheur, le bon Dieu a mis Jeannette du Bois-Rosé sur mon chemin.

— Te voilà bien avancée parce que tu as causé avec une bavarde de ton espèce. Oh! les servantes! langues de vipères qui ne savent s'entretenir que des affaires de leurs maîtres!

— Vous ne parlez pas selon votre pensée, monsieur : vous savez bien que je ne suis ni bavarde, ni curieuse. Aurais-je seulement voulu être instruite de ce qui se passe dans cette maison-ci? Non, mon Dieu, non! Mais il aurait fallu pour cela être aveugle et sourde. Des petits enfants gémissent et des vieillards souffrent par votre faute. Ces choses-là, on ne peut pas les ignorer. »

La face blême de M. Mathizie s'empourpra, il frappa du poing sur la table, et le verre et la bouteille s'entre-choquèrent avec un bruit sec.

« Je t'ai déjà défendu de me parler des affaires auxquelles tu n'entends rien. Un mot de plus et je te chasse. »

Corentine resta impassible.

« A quoi bon menacer, monsieur? Vous ne me

chasserez pas, parce que je vous suis nécessaire, et je ne m'en irai pas non plus, parce que j'ai ici une mission à remplir. »

Il ricana de nouveau.

« Une mission, vraiment ! Il s'agit probablement d'arracher mon âme aux griffes de messire Satanas.

— C'est bien possible. Est-ce que je pourrais voir d'un œil tranquille la perte éternelle du fils de ma sainte maîtresse ? »

Son accent convaincu impressionna peut-être M. Mathizie en dépit de lui-même, car il cessa de railler.

« Finissons-en, dit-il. Tu m'empêches de manger avec tes sottes histoires.

— Permettez-moi une seule question, monsieur : Allez-vous traiter votre petite nièce en étrangère ?

— Assurément. Elle est très bien chez M. Preslier qui, m'as-tu dit, est aussi son parent. Tu ne supposes pas qu'elle se trouverait mieux chez moi ? ajouta-t-il avec ironie.

— Dieu m'en garde ! M. Preslier est un digne homme, et les dames du Bois-Rosé seront bonnes pour l'enfant. Mais vous pourriez au moins vous faire reconnaître, lui témoigner de l'amitié, la recevoir quelquefois et son frère aussi, quand les vacances seront venues. Votre cœur ne vous dit-il rien en faveur de ces petits, qui sont de votre sang après tout ? Le souvenir de M. Marcel ne vous hante-t-il pas à la façon d'un mauvais rêve, et ne seriez-vous pas heureux de réparer, dans la mesure du possible, le mal causé par vous? »

Il y avait quelque chose d'étrange dans la calme assurance de cette servante, osant dire à son maître ce que personne ne lui avait dit. Elle ne baissait pas les yeux, sa voix ne tremblait point, et lui, en l'écoutant, changeait de couleur et se mordait les lèvres.

Corentine l'avait dit: elle lui était indispensable. Que de fois, outré de sa hardiesse, il eût voulu la saisir par le bras, la chasser et refermer la porte derrière elle avec une imprécation. Quel soulagement il eût éprouvé en se sentant délivré de ce témoin gênant, de cette conscience extérieure qui parlait encore lorsque sa conscience intime, enfin terrorisée, écrasée, annihilée, se taisait lâchement! Mais quelle servante, pour les gages insignifiants qu'il donnait à la Bretonne, aurait tenu le ménage avec un ordre méticuleux, bêché et arrosé le jardin, préparé les mets choisis que réclamait sa gourmandise, se contentant personnellement de bouilli, de légumes et de mauvais râpé? Quelle servante surtout eût comme elle gouverné sa langue?

« Son audace est étonnante, pensait-il, mais elle se ferait hacher avant de révéler un mot de ce qu'elle sait, et elle sait tant de choses! »

Voilà pourquoi il se gardait bien de la chasser, pourquoi il supportait malgré sa rage les admonestations qu'elle ne lui ménageait point.

Il avait pourtant eu des moments de défiance, se demandant pourquoi elle tenait tant à rester.

« Elle y a sans doute quelque intérêt, » s'était-il dit avec l'inquiétude de ceux qui, jugeant des autres par eux-mêmes, voient partout vils calculs, dissimulation, hypocrisie et ne peuvent croire à l'existence d'un sentiment généreux.

Mais il avait eu beau étudier Corentine: il n'avait pu surprendre un indice qui vînt confirmer ses vagues soupçons.

Après les singulières interrogations de la Bretonne, il y eut un moment de silence, puis le maître reprit la parole avec dureté.

« Tu te moques de moi, j'en suis las à la fin. Mon cœur! des souvenirs! qu'est-ce que ce radotage? Le cœur est l'organe central de notre appareil circulatoire; mais il n'a pas de langage, entends-tu? et ceux qui lui en attribuent un sont des insensés. C'est par le cerveau qu'on se laisse guider quand on est raisonnable. Quant aux souvenirs importuns, je sais les écarter et je ne fais pas de mauvais rêves, ma chère, bien que je ne dorme pas du sommeil du juste. Ces enfants, pour lesquels tu cherches inutilement à m'apitoyer, n'ont aucun besoin de moi. J'imagine même que

la révélation des liens qui nous unissent ne cau-
serait pas à leur tuteur un sensible plaisir. Je lui
épargnerai cette contrariété. Ne me romps plus la
tête et laisse-moi dîner en paix. »

Cette fois, Corentine ne répliqua pas. Elle sortit
et reparut peu après, avec un plat de petits pois
hâtifs et deux pommes au beurre. Cette vue ramena un sourire sur les lèvres de M. Mathizie et
tout en murmurant : « Ces primeurs ont dû coûter
bien cher, » il se disposa à les savourer avec un
recueillement béat.

<hr>

VI

Cet après-midi du dimanche s'écoula gaiement
chez nos amis du Bois-Rosé.

Hubert et Mary les accompagnèrent au sortir
des vêpres et de folles parties s'organisèrent. On
joua au ballon, au croquet, au volant, aux boules ;
on pilla les parterres au profit du salon et on alla
goûter sur l'herbe dans le bois.

Les jours suivants accentuèrent l'intimité qui
s'était établie entre Marcelle et son petit cousin.
Riri s'attachait de plus en plus à cette fillette dont

la nature, tranquille et réservée, était en tout l'opposé de sa nature fougueuse.

Mais il y avait entre eux un point de contact :

On joua au ballon, au croquet, au volant, aux boules.

le cœur. Comme Marcelle, Riri était aimant, généreux, prompt à la compassion. Il vidait sa petite bourse entre les mains des mendiants, il s'apitoyait sur les vieillards et les estropiés ; sa charité, s'étendait même aux chiens errants, pour lesquels il avait toujours un croûton au fond de sa poche.

Bientôt il devint évident que Marcelle exerçait sur l'espiègle une bienfaisante influence. Elle obtenait des prodiges avec ses douces exhortations, avec un regard de ses beaux yeux caressants, surtout avec l'exemple qu'elle lui donnait chaque jour d'une parfaite docilité et d'une obligeance inépuisable.

« Comment donc t'y prends-tu pour être toujours sage? lui demanda-t-il après un de ces accès d'indolence et de mutinerie qui le laissaient confus et attristé, mais au fond assez peu résolu à mieux faire.

— Je pense au bon Dieu, que j'aime beaucoup, et à ma première communion, que je ferai l'année prochaine, répondit-elle.

— En effet, reprit-il d'un air réfléchi, ta première communion. Tu es obligée d'être bien plus sage que moi.

— Certainement. Mais on doit se préparer de loin à une si grande action, Riri. Et puis je vais te dire: je pense aussi quelquefois que papa et maman me voient du paradis et qu'ils sont satisfaits quand je suis bonne, studieuse et obéissante. Enfin, je ne voudrais pas mécontenter mon oncle qui est si bon, et tante Brigitte, et mademoiselle. »

Riri, la mine soucieuse, baissait sa tête de lionceau et fourrageait à pleines mains dans sa crinière dorée.

« Moi, je n'en cherche pas si long, dit-il. Pourtant j'aime papa de tout mon cœur. Tu crois vraiment qu'il a de la peine quand je n'apprends pas mes leçons?

— J'en suis sûre, Riri. »

Il poussa un profond soupir et secouant ses grandes boucles:

« C'est dit, demain je me mets au travail, fit-il héroïquement, et cette fois, ce sera sérieux, je t'assure, Marcelle. Tiens, veux-tu que nous convenions ensemble de quelque chose?

— De quoi donc?

— Dès que je commencerai à être dissipé, à désobéir et à taquiner Frédérique pendant la classe, tu m'avertiras et tout de suite je tâcherai de redevenir raisonnable. Ça te va-t-il?

— Oui, » dit Marcelle avec son joli sourire.

Riri l'embrassa.

« Voilà : tu seras mon second ange gardien. »

La petite fille prit son rôle au sérieux et s'acquitta ponctuellement de sa promesse. Il était charmant de la voir se pencher vers son cousin et murmurer d'un ton grave et doux de jeune maman:

« Prends garde, Riri. Tu commences... »

Riri fronçait parfois terriblement ses sourcils blonds. Il avait grande envie de se fâcher, de planter là les livres ennuyeux, les devoirs maussades ; une lutte se livrait entre le bon ange et l'esprit de malice ; mais le bon ange triomphait, et le petit garçon se remettait à l'étude sous le doux regard de sa cousine.

Mlle Clarisse n'avait pas tardé à remarquer ce manège, qu'elle se gardait bien de troubler par de maladroites réflexions. A son exemple, tante Brigitte et M. Preslier gardaient le silence, mais leur affection pour la gentille orpheline s'affermissait de jour en jour.

Les lilas du Bois-Rosé étaient depuis longtemps flétris, les roses et les lis fleurissaient à foison et les champs voisins avaient revêtu leur robe dorée. Voici juillet, voici les vacances.

Un beau matin, Vincent attela Hamlet à la victoria et M. Preslier se disposa à aller chercher son pupille à la gare de Blignac. Il descendit sans bruit et, arrivé au bas du perron, leva la tête pour consulter une fenêtre du premier étage. La fenêtre était close.

« La petite demoiselle dort sur les deux oreilles, monsieur, lui dit Vincent. Songez donc : il n'est que trois heures et demie.

— Je prévoyais bien qu'elle ne se réveillerait pas, répondit M. Preslier sur le même ton, mais je n'ai pas voulu lui refuser ce qu'elle souhaitait si ardemment. »

A ce moment, il perçut un bruit léger, et tout aussitôt Marcelle parut, un sourire sur ses lèvres roses.

« Vrai, je ne comptais pas sur toi, dit M. Preslier. Personne ne t'a appelée pourtant.

— Oh! je n'ai guère dormi, mon bon oncle. J'avais si grand'peur de manquer l'heure. »

Elle monta lestement et prit place dans le fond de la victoria, pendant que son tuteur s'installait sur le siège.

Hamlet partit bon train, et la victoria arriva à Blignac à l'instant précis où le train de Paris entrait en gare.

Une minute après, Raoul embrassait sa petite sœur à l'étouffer, et, comme au jour de la séparation, des larmes roulaient une à une sur les joues de Marcelle.

« C'est de joie, dit-elle, voyant que son frère la regardait avec inquiétude. Je suis si contente de te revoir, Raoul! Laisse-moi t'examiner; tu as encore grandi, je crois.

— Toi aussi, sœurette. Et quelles belles couleurs tu as!

— Marcelle se fortifie tous les jours, dit gaiement M. Preslier. Vois-tu, mon garçon, l'air de la campagne est plus sain que celui de Paris. Voilà

de beaux prix, continua-t-il en regardant la pile
de livres dorés qui embarrassait un peu Raoul.
Bravo ! mon ami ; tu n'as pas perdu ton temps.

— J'ai travaillé de mon mieux, mon oncle ;
mais... ces trois mois ont été longs comme trois
ans. Paris est bien loin du Bois-Rosé, et, si vous
êtes content de moi, vous me permettrez de vous
rappeler votre promesse.

— Je la tiendrai, sois tranquille. »

Les deux enfants s'assirent tout près l'un de
l'autre. Ils avaient tant de choses à se dire ! Raoul
repassa sur les détails peu variés de sa vie au
lycée, sur les jours d'étude égayés de temps à
autre par quelque bon tour d'écolier, sur les jours
de congé, dont rien ne rompait pour lui la mono-
tonie, sinon une courte visite de Mᵉ Vital, le vieux
notaire.

A son tour Marcelle lui parla du Bois-Rosé, de
la maison commode et riante, du grand jardin,
du petit bois, de l'usine, qui l'effrayait un peu
avec ses machines, dont il était interdit de s'approcher, mais qui donnait le pain quotidien à des
familles nombreuses.

Raoul reçut au logis un affectueux accueil. Pour
les enfants, c'était un bon camarade de plus, un
ami attendu et désiré. Riri manifesta hautement
sa satisfaction. On a beau être le plus chevale-
resque des petits cousins, on finit par se lasser

des jeux tranquilles avec les petites filles. Maintenant Riri allait se dédommager. Aussi proposat-il incontinent à Raoul une partie de cheval fondu.

Les vacances commençaient bien. Le temps étant beau, on jouait dans la maison pendant la grande chaleur du jour, et les matinées étaient de préférence consacrées aux promenades. Souvent les jeunes de Grévodan se joignaient à leurs amis, et tantôt Mlle Hervé, tantôt l'institutrice de Mary servait de mentor à la troupe enfantine. On partait pédestrement, de très bonne heure ; on descendait des pentes herbeuses, constellées de blanches marguerites ; on grimpait des raidillons pour arriver à un plateau couvert d'une végétation luxuriante ; on suivait d'étroits sentiers, jetés capricieusement entre les champs, où les rouges pavots s'enlevaient vigoureusement sur un fond d'or, où les timides bluets balançaient avec grâce leurs têtes azurées ; et on allait boire du lait ou manger une galette dans quelque ferme lointaine.

Un jour, le Moulin-Neuf fut choisi pour but de l'excursion. Ralph avait suivi ses jeunes maîtres sans y avoir été invité, et ceux-ci n'eurent pas le courage de le renvoyer à la maison. Chemin faisant, ils rencontrèrent un promeneur solitaire, qui n'était autre que M. Mathizie. Si ce dernier venait rarement à Chambrun, en revanche il aimait à marcher assez longuement à travers champs, le matin, pour s'ouvrir l'appétit.

Il est certain que le grand air, pris à haute dose, creuse terriblement l'estomac. Les enfants étaient affamés comme de petits loups, et ils dévorèrent à belles dents le pain bis et la crème que leur servit la meunière. Ils visitèrent ensuite le Moulin-Neuf, ce qui intéressa beaucoup nos petits Parisiens, puis il fallut songer au retour. La distance était relativement considérable, et la fatigue commençait à se faire sentir. Marcelle considérait le chemin avec un certain effroi, Mlle Clarisse traînait le pied. Frédérique proposa de prendre la traverse, qui abrégerait la route.

« Et qui est bien plus jolie, » s'écria Riri.

Il ne se sentait, lui, nullement fatigué, et il s'engagea en sautillant dans un sentier que les ronces inondaient de pétales roses.

« Il n'y a que cette petite montée; après on va toujours en descendant. Nous allons passer devant la Solitude, une ancienne maison sculptée comme une église, Raoul. Tu ne la connais pas, tu ne connais rien de ce pays-ci. Elle appartient à ce monsieur que nous avons vu près du Moulin-Neuf. On le nomme l'Ermite, parce que... »

Tandis que Riri donnait à son cousin une explication passablement embrouillée au sujet de la Solitude et de son propriétaire, ce dernier précisé-

Ralph avait suivi ses jeunes maîtres sans y avoir été invité.

ment revenait chez lui par un autre chemin. Il aperçut les enfants qui débouchaient sur le plateau et pressa le pas, ne se souciant pas apparemment d'une seconde rencontre. Mais la fatalité voulut qu'il ne pût l'éviter.

Depuis une heure, le vent s'était levé et soufflait avec violence. M. Mathizie, une main sur son chapeau, avait eu quelque peine à le préserver de tout accident fâcheux. En arrivant à sa porte, il dut le lâcher pour chercher sa clef. Ce fut ce moment que choisit un coup de vent irrévérencieux. Poussé par un mauvais génie, il décoiffa l'Ermite et emporta le chapeau dans un tourbillon fou.

Un malheur n'arrive jamais seul.

Ralph précédait ses jeunes maîtres, courant de côté et d'autre, et revenant sur ses pas avec des bonds joyeux. La vue de cet objet valsant devant lui lui suggéra l'idée d'un jeu cher à tous les jeunes chiens : il sauta sur le chapeau et commença à le lancer en l'air, à le rattraper, à le déchirer avec une jubilation indicible.

Au premier moment, les petits promeneurs s'étaient arrêtés, interdits ; puis le rire les gagna, ce bon rire insouciant, sonore, irrésistible, qui est le privilège de l'enfance. Ralph était si drôle dans son acharnement ! il y allait de si bon cœur !

« Ça vous amuse, petits vauriens, cria M. Mathizie d'une voix étranglée par la colère. Au lieu

de rire, rappelez donc cette affreuse bête et faites-
lui lâcher mon chapeau. »

Tout en vociférant ainsi, il poursuivait, la canne
levée, Ralph, qui fuyait devant lui, grondant et
menaçant, mais se gardant bien d'abandonner sa
prise.

La virulente apostrophe du maître de la Solitude avait coupé net le rire de nos amis. Peu habi-
tués à être traités avec un tel sans gêne, ils se
regardèrent d'un air mécontent, et Hubert ouvrit
la bouche pour riposter fièrement; mais un geste
de Mlle Hervé le retint. La bonne fille, dont la
timidité s'effrayait de cette aventure, appelait en
vain :

« Ralph! Ralph! »

Les petites filles se joignirent à elle. Efforts inu-
tiles! Le chien, piqué au jeu par l'attitude agres-
sive de M. Mathizie, était sourd à leurs injonctions.

« Essayez de l'attraper, » dit Mlle Hervé aux
garçons.

Raoul et Hubert se mirent à courir. Se voyant
sur le point d'être pris entre deux feux, Ralph fit
un bond de côté et passa devant M. Mathizie, qui,
le saisissant d'une main par l'oreille, de l'autre lui
assénant sur le dos de formidables coups de canne,
le força enfin à lâcher le malencontreux couvre-
chef.

Mais au même instant il poussa un cri de douleur. Rendu furieux par cette brutale correction, le chien avait planté ses crocs dans la jambe de son ennemi.

« Ah! c'est comme cela! rugit celui-ci. Attends, monstre, attends. »

Avant que les enfants, atterrés, eussent songé à quitter le théâtre de cette scène, il s'était engouffré dans le corridor et reparaissait armé d'un revolver.

« Je vais le tuer, votre chien, qui se permet de mordre des gens inoffensifs. Un chien enragé certainement!... Votre affaire est bonne. Écartez-vous et me laissez faire. Écartez-vous, vous dis-je. »

Riri, loin d'obéir, s'était jeté en avant.

« Vous ne le tuerez pas, méchant, cria-t-il. Mon chien n'est pas enragé; c'est vous qui lui avez fait du mal, il ne vous aurait pas mordu sans cela.

— Taisez-vous, Riri, » ordonna Mlle Clarisse, qui commençait vraiment à perdre la tête.

Elle tenta de parlementer, mais dès les premiers mots elle fut interrompue.

« J'ai dit que je le tuerai, entendez-vous? Tout ce que vous ferez pour le défendre sera peine perdue; je tiens toujours mes résolutions. Vous apprendrez qu'on ne s'attaque pas à moi impunément.

— Pour se venger d'un pauvre animal, il faut être un barbare, s'écria Raoul avec indignation.

— Et un lâche, dit Hubert d'une voix vibrante.

— Comme il vous plaira, mes petits messieurs, ricana l'Ermite.

— Cette situation ne saurait se prolonger, dit Mlle Hervé. Venez, mes enfants. Nul n'ignore l'existence de la loi protectrice des animaux ; tant pis pour celui qui s'obstine à l'enfreindre. L'insignifiante blessure que lui a faite Ralph ne peut être alléguée comme une excuse suffisante. »

Jusque-là Riri avait fait appel à toute sa vaillance, à tout son orgueil d'homme futur, pour braver ce méchant qui se riait de son chagrin ; mais quand il comprit que tout espoir était perdu, que Ralph, dans son insouciance du danger, allait immanquablement tomber sanglant dans la poussière, alors il redevint un pauvre petit enfant désolé, et, prenant à deux mains la bonne grosse tête de son chien, il éclata en sanglots convulsifs.

La douleur si vraie de son jeune cousin inspira tout à coup à Marcelle un courage dont elle ne se croyait pas susceptible. Elle fit un pas en avant, et M. Mathizie sentit une petite main se poser sur son bras, tandis qu'une voix faiblement timbrée, mais d'une exquise douceur, murmurait :

« N'est-ce pas, monsieur, que vous ne voulez pas tuer notre Ralph ? Habituellement il est si doux ! il était en colère tout à l'heure. Et puis ce n'est qu'un animal, il ne comprend pas... Tenez, si je l'appelais, il viendrait lécher votre blessure et se coucher à vos pieds. Pardonnez-lui et pardonnez-nous. Vous avez voulu nous faire peur pour nous punir d'avoir ri, mais c'est assez... nous avons eu tous beaucoup de chagrin. Ne nous en veuillez plus, dites que vous faites grâce au pauvre Ralph. »

M. Mathizie avait fait un brusque mouvement pour se débarrasser de cette frêle petite main. Il n'y avait pas réussi, et maintenant il écoutait, comme dans un rêve, cet accent qui résonnait à son oreille, semblable à l'écho d'un passé lointain. Son regard dur plongeait dans les grands yeux couleur de bluet, humides et suppliants, qui se levaient sur lui, et il subissait une sorte de fascination.

Toutefois il essaya de réagir. Il secoua la tête, saisit le mince poignet de la petite fille, et il préparait sans doute une réponse ironique et méchante, quand une voix grave, presque solennelle, le fit tressaillir.

« Vous ne repousserez pas sa première prière, monsieur, la seule que peut-être elle vous adressera de toute sa vie. Vous ne pouvez pas rebuter ce pauvre agneau. »

Corentine se dressait près de son maître, toute droite dans son costume austère, l'œil chargé d'un reproche dont lui seul pouvait comprendre la signification.

Il haussa les épaules, regarda encore Marcelle qui pleurait en joignant les mains, et grommela :

« C'est bien la première fois que je consens à pardonner, même à un chien. Emmenez-le, vous autres, et qu'il ne s'avise pas de recommencer : je ne serais pas tous les jours de si bonne composition. »

Marcelle eut un petit cri joyeux :

« Merci, merci, monsieur. Je savais bien que vous auriez pitié. »

Il lui tourna le dos, et s'adressant à Mlle Hervé :

« Ah çà ! vous allez au moins me dédommager. Voyez ce que votre chien a fait de mon chapeau. »

Il ramassa l'infortuné gibus, qui, mordillé, déchiqueté, traîné dans la poussière, n'était plus qu'une loque dégoûtante.

Mlle Clarisse chercha son porte-monnaie.

« A quel prix l'estimez-vous, monsieur? »

Elle se rappelait l'état lamentable du couvre-chef avant l'accident. Un fripier n'en eût pas offert dix sous.

« J'en veux dix francs, » dit effrontément M. Mathizie.

Mlle Hervé lui tendit une pièce d'or avec un imperceptible sourire de mépris. Il l'empocha sans sourciller, et rentra chez lui en disant à Corentine :

« Viens, toi aussi. »

La Bretonne n'obéit pas immédiatement. Elle se rapprocha de Marcelle et dit très bas :

« Chère mignonne, je suis sûre que le bon Dieu exauce vos prières. Soyez tout à fait bonne, récitez ce soir un Avé pour mon maître. »

L'œil bleu de Marcelle se leva avec candeur sur Corentine.

« Je le ferai, madame.

— Merci. »

Et désignant Raoul :

« Ce jeune garçon est votre frère ?

— Oui, madame.

— Je l'avais deviné. Dieu vous bénisse tous deux. »

Sur ce souhait prononcé avec une étrange ferveur, Corentine rentra au logis.

***

VII

Marcelle avait rejoint ses compagnons, un peu surpris du mystérieux intérêt que lui témoignait la Bretonne.

« Que te disait donc cette femme, petite sœur ? » demanda Raoul.

La fillette répéta les paroles de Corentine.

« C'est singulier, fit-il. Nous connaîtrait-elle par hasard ?

— Mais non, dit Mary. Elle aura tout simplement appris qui vous étiez en causant avec les gens du bourg. Si on a peu de considération pour le maître, on estime beaucoup la servante.

— C'est vrai, appuya Frédérique; Jeannette, je le sais, cause quelquefois avec elle.

— Qu'est-ce que ça nous fait ? interrompit Riri avec feu. Il ne s'agit pas de Corentine, mais de ma bonne petite Marcelle. Sans elle, le pauvre Ralph serait mort à cette heure. Je ne l'oublierai jamais.»

Et il sauta au cou de sa cousine.

« Tu ne l'oublieras pas non plus, Ralph. Tu me regardes comme pour me demander ce que je veux dire...; c'est que tu ne sais pas que tu as échappé à un grand danger, tu n'es qu'un chien, c'est triste. Voyons, tâche de comprendre un peu tout de même. Oui, c'est Marcelle qui t'a sauvé la vie. Si tu pouvais parler, tu la remercierais bien. »

Les autres éclatèrent de rire.

« Ralph disant merci, ce serait drôle, fit Hubert. Je voudrais voir ça.

— Eh bien ! il dira merci à sa manière. N'est-ce pas, mon bon chien ? Va, mais va donc vite. »

Le bel animal le regardait, remuant la queue d'un air intelligent; puis, comme s'il eût compris l'ordre de son jeune maître, il bondit **vers** Marcelle et se mit à lui lécher les mains avec de petits frétillements de joie.

« Bravo, Ralph, bravo ! » dirent les enfants, pendant que Mlle Hervé passait amicalement la main sur la grosse tête du montagnard.

Deux jours plus tard, Riri abordait Marcelle et Raoul d'un air mystérieux.

« C'est aujourd'hui le 14, le saviez-vous ?

— Mais oui. Après ? dit Raoul avec un point d'interrogation.

— Après..., le 14 est la veille du 15.

— C'est une vérité digne d'être énoncée dans la chanson de M. de la Palisse. Si tu ne fais pas d'autre découverte, je crains fort que tu ne sois jamais rangé dans la catégorie des grands hommes.

— Et le 15, c'est la Saint-Henri, acheva le petit garçon sans s'émouvoir.

— Ta fête, dit Marcelle. Est-ce qu'on te la souhaite ordinairement ?

— Je crois bien. Il y a des friandises au dessert; tante Brigitte, mademoiselle et Frédérique m'offrent des bonbons ou des jouets; mais c'est papa qui fait la surprise.

— La surprise ?

— Tu comprends : il me donne une chose dont j'ai grande envie. Quelquefois je devine ce que ce sera. Cette année, par exemple, je désire beaucoup quelque chose... ou quelqu'un : je ne sais pas bien comment on dit. Papa me le donnera peut-être, mais je n'en suis pas tout à fait sûr.

— Parbleu, mon cher, si tu en étais sûr il n'y aurait pas de surprise, dit Raoul. C'est égal, tu voudrais bien être à ce soir. Espérons que tu auras ton quelque chose, ou ton quelqu'un. Je ne suppose pas cependant que mon oncle te fasse cadeau d'un nègre.

— Que veux-tu que j'en fasse?

— Pas grand'chose, mais dame ! un nègre, c'est quelqu'un. Tu pourrais au moins le munir d'un éventail, comme le font les souverains orientaux; il l'agiterait sous ton nez de temps en temps, ce qui ne serait pas désagréable par cette chaleur. »

En rôdant du côté de la cuisine, les enfants purent se convaincre de l'exactitude des assertions de Riri. On y faisait évidemment des préparatifs culinaires inusités. Mme Brigitte, les manches retroussées jusqu'au coude, travaillait un bel amas de pâte dorée et Jeannette, armée d'un faisceau de verges, fouettait une crème au chocolat qui s'élevait peu à peu en pyramide mousseuse. Des amandes et du sucre attendaient sur un coin de la table, et Riri confia tout bas à Marcelle qu'il raffolait du nougat.

« Surtout, Jeannette, n'épargnez pas le sucre dans la crême, »
dit-il à la cuisinière.

« Surtout, Jeannette, n'épargnez pas le sucre dans la crème, dit-il à la cuisinière.

— N'ayez pas peur, petit friand, elle sera de votre goût, répondit Jeannette.

— Fais-nous grâce de tes conseils, dit Mme Brigitte, et allez-vous-en tous. Ceux qui reparaîtront dans la cuisine ne goûteront pas de mon gâteau. »

Ils disparurent en riant comme de petits fous.

Riri fut un peu taquiné au sujet de la fameuse suprise. Plus d'une fois, Raoul lui dit en s'épongeant le front :

« On grille, Riri ; je retiens pour demain ton nègre et son éventail.

— Mieux vaudrait l'armer d'un immense parasol sous lequel nous pourrions nous promener tous ensemble, » ajoutait Frédérique.

Enfin, après le souper, quand l'appétissant dessert eût été posé sur la table, M. Preslier prit à deux mains la tête blonde de son fils en disant :

« Mon Riri, je te souhaite une bonne fête. »

Alors de tous côtés éclata le même vœu :

« Bonne fête, bonne fête, Riri ! »

L'heureux bambin passa des bras de son père dans ceux de la bonne tante. Il était comblé : un sabre de cavalerie, un sac de pralines, des quilles cravatées de rubans roses. Mais ce n'était pas tout assurément, et Riri regardait M. Preslier d’un air confiant et impatient à la fois.

« Si tu allais faire un tour jusqu’à l’écurie, dit le bon père avec son rire jovial; j’ai idée que la surprise t’y attend.

— A l’écurie! »

En deux bonds, Riri fut hors de la salle à manger. Trois secondes après, il était en extase devant la surprise: un joli cheval arabe aux jambes fines et à la robe lustrée.

Tout le monde l’avait suivi. Riri se retourna et, sautant au cou de M. Preslier, il ne put trouver que ce mot:

« Oh! papa, papa!

— Tu as peut-être fait une imprudence, Alfred, dit Mᵐᵉ Brigitte en rentrant à la maison. Riri est bien petit et un accident est si vite arrivé.

— Bah! cousine, Hubert de Grévodan était plus jeune quand il eut son cheval. Riri ne sortira qu’en compagnie de Vincent. Il n’y a pas l’ombre d’un danger. »

VIII

Les enfants du Bois-Rosé avaient passé la journée à la Couronne. Le beau château, enchâssé comme un joyau dans l'écrin vert de son parc, riait de toutes ses fenêtres au soleil de septembre, moins ardent que celui de juillet, mais si gai, si caressant, si lumineux sur les pelouses où quelques brins de gazon jaunissaient déjà.

Nos jeunes amis avaient délicatement goûté. Ils avaient bu du chocolat mousseux dans des tasses de porcelaine transparente ; ils avaient croqué des gâteaux fins, des fruits choisis, et un peu las de jouer ils s'étaient assis en rond sous le grand catalpa de la terrasse et causaient comme de vieilles personnes.

« Et dire que nous touchons à la fin des vacances ! s'écria Riri tout à coup.

— De bien bonnes vacances ! dit pensivement Raoul pour lequel jamais ces deux longs mois n'avaient été aussi agréablement remplis.

— Oui, soupira Marcelle, mais tout finit. Tu vas rentrer au collège, Raoul.

— Je serai si près de toi, petite sœur. Mon oncle m'a promis de me faire sortir tous les mois.

— Vous devenez élégiaques, dit Hubert. Voyons, allons-nous finir notre bonne journée de cette façon lugubre?

— Qui veut faire une partie de ballon? demanda Mary en se levant.

— Merci, dit Frédérique; j'aime mieux me reposer avant le départ.

— Pas moi, fit Riri. Je me reposerai bien assez quand je serai vieux. Maintenant du moins, je veux courir, sauter, m'amuser de tout mon cœur.»

Il fit un bond de jeune chevreau et regarda les petites filles de ses yeux étincelants. La force et la gaieté débordaient en lui.

Frédérique et Marcelle eurent le même sourire d'affectueuse admiration. Il était si charmant, l'espiègle lutin, bien qu'il eût perdu une partie de sa parure: les longs cheveux qui autrefois retombaient en épais anneaux sur ses épaules. Cette chevelure mérovingienne, orgueil de M. Preslier, était pour le petit homme un perpétuel sujet d'humiliation, et il prétexta la grande chaleur pour obtenir d'en être délivré. Heureusement, tante Brigitte se joignit à lui. Elle n'avait jamais partagé, déclara-t-elle, l'engouement universel pour les cheveux longs qui deviennent insupportables pendant la canicule. Grâce à son plaidoyer, la cause de

Riri fut gagnée et ses belles boucles tombèrent sous les ciseaux. Il ne leur accorda pas un regret. Au moins il avait l'air d'un garçon à présent. Ses traits avaient pris un relief plus accentué, et tante Brigitte déclara formellement qu'elle le préférait ainsi.

D'ailleurs la tête de l'enfant n'avait pas été complètement rasée, et déjà les cheveux repoussaient en menus frisons, qui entouraient sa figure rose d'une auréole dorée.

« Nous n'avons plus le temps de jouer, dit Raoul. Voici l'heure de retourner à la maison. »

Pour appuyer cette assertion, Mlle Clarisse et M. Preslier parurent sur la terrasse. Riri eût volontiers protesté, mais la vue d'Amir, son bel arabe, l'en empêcha.

Il avait pris la passion du cheval et il s'était adonné avec tant d'ardeur à cet exercice, qu'il pouvait escorter facilement la voiture qui emmenait les fillettes et Raoul.

Hubert et Mary obtinrent l'autorisation de l'accompagner avec John, le domestique de confiance de M. de Grévodan, qui les suivait dans toutes leurs promenades.

« O papa, quelle bonne journée! dit Riri, se mettant en selle. Nous n'en verrons plus de pareille.

— Pendant ces vacances, » rectifia M. Preslier.

M. et Mme de Grévodan assistaient au départ.
Pendant que le premier échangeait une dernière
poignée de main et quelques paroles avec l'industriel, la châtelaine donnait ses instructions à John.

« Veillez bien sur les enfants, mon ami, spécialement sur M. Henri. Ne le perdez pas de vue. Il est
bien pétulant et il me semble qu'Amir est un peu
trop ardent pour lui. »

John fit un signe d'acquiescement, et mit son
cheval sur la même ligne que celui du petit
garçon.

Les promeneurs s'avançaient entre les terres
récemment labourées, et les arbres que l'automne
avait effleurés de son pinceau magique. Les buissons étaient couverts de mûres et les petits cava-
liers abattaient en passant, du bout de leurs cra-
vaches, des branches que les fillettes se chargeaient
de dépouiller.

Il fallut bientôt quitter la grande route pour un
chemin étroit qui côtoyait à droite des terrains
vagues, couverts d'ajoncs et de bruyères, à gauche
les belles futaies de Verneuil. Les chevaux avaient
été contraints de prendre la file. Amir galopait
en avant, suivi de près par la monture de John;
puis derrière la voiture Mary, et Hubert qui fermait la marche. Le jeune de Grévodan songeait
à la chasse, ouverte depuis plusieurs jours, et au
carnage de lièvres et de perdrix qu'il allait faire

en compagnie de son père. Le pays est des plus giboyeux et... Un coup de feu tiré tout près, sur la lisière du bois, fit tressaillir le jeune rêveur. Au même instant M. Preslier poussa un cri déchirant :

« Mon fils ! »

Le plomb avait sifflé aux oreilles d'Amir qui, dans son effroi, échappant à la direction de son cavalier inexpérimenté, s'était élancé à travers les bruyères.

Et John, obligé de lutter contre son propre cheval, ne pouvait courir immédiatement au secours de Riri.

Et le pauvre enfant était emporté dans une course folle, vertigineuse, effrénée. Il avait lâché les rênes et, cramponné des deux mains à la crinière d'Amir, il tournait du côté de son père ses yeux qui s'emplissaient d'une indicible épouvante.

Tout cela ne dura qu'une demi-minute. Devenu maître de sa monture, l'Anglais se jeta à son tour dans la bruyère où M. Preslier l'avait précédé.

Il était trop tard. Au loin, l'arabe poursuivait son galop furieux, mais il n'avait plus de cavalier. Peu d'instants après, le malheureux père arrivait sur le théâtre de la catastrophe. En cet endroit, on bâtissait une maison. Les fondements étaient creusés, larges, profonds, pleins de plâtre et de pierres, et sur ces pierres il y avait du sang.

Riri gisait là, sans mouvement, un filet vermeil coulant de son front sur sa joue et ses habits.

Les ouvriers étaient accourus. Deux d'entre eux descendirent dans l'excavation, et avec mille précautions prirent le petit garçon et le déposèrent doucement sur le bord du chemin. Alors M. Preslier écarta d'un geste les enfants qui se pressaient autour de lui, et s'agenouillant il mit la main sur le cœur de Riri.

« Vivant ! bégaya-t-il. Dieu soit béni ! »

Il fit un geste pour enlever l'enfant dans ses bras. Un ouvrier le retint.

« Un brancard serait préférable à la voiture, à cause des cahots, monsieur. Si vous le voulez, nous le porterons.

— Oui, vous avez raison, murmura M. Preslier ; vous, John, courez en avant ; vous avertirez Mme Varauson et le docteur. »

Quel lugubre retour ! Le ciel riait comme au départ sous les flocons d'argent qui avivaient l'éclat de son azur ; comme au départ les oiseaux glissaient leurs têtes curieuses entre les feuilles dentelées des platanes, et derrière les coteaux le soleil tout rouge s'inclinait, jetant des traînées d'or sur la verdure et embrasant les vitres d'une cabane perdue dans les vignes.

Et par cette radieuse soirée le benjamin de la famille, l'enfant chéri rentrait, brisé, mourant peut-être, dans la demeure qu'il avait quittée le matin, si vif et si joyeux.

Oh! l'atroce ironie des choses inanimées! le contraste navrant de la nature souriante et parée avec le déchirement des cœurs!

Vincent ouvrit la grille derrière laquelle Mme Varauson attendait. Elle accueillit son parent par une phrase dure, misérable satisfaction que les cœurs les plus dévoués se refusent rarement en pareille circonstance:

« C'était une folle imprudence; ne te l'avais-je pas dit? »

M. Preslier enfouit son visage dans ses mains avec un long sanglot.

« Ah! cousine, s'écria-t-il, sa douleur morne et silencieuse jusque-là éclatant à ce mot, si vous saviez ce que je souffre! Oui, c'est bien mon ouvrage; moi seul ai tué mon enfant. Mon Dieu, mon Dieu! si vous me pardonnez, je ne me pardonnerai jamais. »

Mme Brigitte se mordit les lèvres. Elle regrettait son inutile cruauté.

« Allons, je suis une sotte, fit-elle brusquement. Mettons que je n'ai rien dit et ne va pas t'arrêter à de telles idées. M. de Grévodan a fait comme toi, n'est-ce pas? Pourtant il n'est arrivé aucun malheur à son fils. Le bon Dieu a permis celui-ci. Espérons qu'il ne sera pas sans remède. »

Le médecin arrivait. Riri fut porté sur son lit.

Il fallait maintenant palper ces chairs meurtries, ces membres brisés, tout ce pauvre petit corps frémissant, afin de reconnaître la gravité du mal. Ce fut si douloureux que le père s'enfuit, éperdu, pendant que l'enfant, qui avait ouvert les yeux, perdait une seconde fois connaissance.

Quand ce fut terminé, M. Preslier montra de nouveau sa figure couverte de larmes. Il voulait savoir...

Hélas! l'arrêt de la science fut terrible. L'existence de Riri était menacée, et si Dieu le laissait vivre, il resterait infirme. Peut-être même ne marcherait-il jamais.

M. Preslier s'affaissa lourdement sur un fauteuil.

La pensée vacilla dans son cerveau; il se sentait hébété, anéanti. A ses oreilles résonnait sans cesse le frais éclat de rire de l'enfant. Il relevait machinalement la tête, contemplait Riri tout pâle sur le blanc oreiller, et telle était la puissance de l'hallucination, qu'il lui semblait voir la bouche aux lèvres exsangues s'entr'ouvrir et répéter:

« O papa, quelle bonne journée! Nous n'en verrons plus de pareille. »

M. Preslier ne s'en tint pas à l'avis du médecin de Chambrun. Deux docteurs de Poitiers furent appelés, mais ils ne purent que confirmer la sentence.

Une fièvre dévorante s'était emparée de Riri. Il remuait faiblement les mains, appelait son père, et revivant dans son délire la scène de la catastrophe il murmurait :

« Au secours ! arrêtez-le... je tombe. Papa, sauve-moi. »

Le dernier mot s'achevait dans un gémissement.

M. Preslier passa cinq jours et cinq nuits au chevet de son fils, essuyant le front moite du pauvre petit, lui donnant à boire, chassant les mouches qui le tourmentaient, et, quand il n'avait rien à faire, mouillant de pleurs la petite main brûlante.

Un matin la fièvre tomba et Riri, pour la première fois depuis sa chute, s'endormit d'un paisible sommeil. A son réveil, ses grands yeux languissants s'arrêtèrent sur M. Preslier. Il murmura :

« Papa ! »

Et comme le père, anxieux, se penchait sur lui, Riri ajouta :

« Embrasse-moi. »

Le docteur déclara, ce jour-là, que l'enfant était hors de danger.

Si horribles avaient été les angoisses de M. Preslier, qu'il oublia l'infirmité certaine pour ne songer qu'à une chose : son fils était sauvé, il lui restait.

. Et il accueillit la parole du médecin avec une explosion de joie que Mme Varauson considéra d'un air morne. La misérable vie conservée à l'enfant méritait-elle le nom de vie?

Quoi! il serait désormais condamné à l'immobilité presque absolue, impotent comme un vieillard, lui si leste, si hardi, si pétulant! lui qui jadis parcourait la maison dix fois par jour, de la cave au grenier.

Elle dut pourtant s'avouer qu'elle préférait le fauteuil au cercueil.

Les jours, les semaines s'écoulèrent. Raoul était au collège à Poitiers, les petites filles avaient repris le cours de leurs études et l'amélioration dans l'état de Riri s'accentuait lentement.

Il demandait souvent :

« Quand me lèverai-je? »

On lui répondait évasivement, mais cela ne suffisait plus à son impatience.

« Vous quitterez bientôt le lit, mon petit ami, lui dit un jour le docteur. On vous étendra sur un canapé, devant la fenêtre; vous y serez bien. »

Riri secoua la tête d'un air obstiné.

« Un canapé! ce n'est pas ça, monsieur. Je voudrais me promener un peu.

— Vous promener! Hum! certainement, plus tard.

— Il est drôle, le docteur. Il croit que je m'amuse, dit Riri après le départ du praticien. Plus tard! patience! voilà tout ce que j'en puis tirer. Tu me laisseras marcher un peu dès que je serai sorti du lit, n'est-ce pas, petit père? Je ferai un pas, un seul pas le premier jour, deux le lendemain et ainsi de suite, jusqu'à ce que je puisse descendre au jardin. »

M. Preslier devint pâle comme un mort, balbutia quelque chose d'incompréhensible et sortit précipitamment, afin que Riri ne le vît pas pleurer.

« Qu'a-t-il donc, papa? » se demanda l'enfant.

Et lorsqu'il eut interrogé tante Brigitte, Mlle Clarisse et les petites filles, il ajouta :

« Qu'ont-ils donc tous? »

Là-dessus sa petite tête travailla, il devint triste et la fièvre le reprit; elle fut promptement enrayée, mais la tristesse persista.

Enfin le médecin lui permit de quitter le lit. On avait transporté dans l'embrasure de la croisée un petit canapé enlevé au salon et on y avait entassé des coussins, afin que le malade s'y trouvât à l'aise.

Un éclair d'espoir brilla dans les yeux de Riri. Il se laissa habiller, palpant avec surprise ses vêtements devenus trop larges pour son corps amaigri; puis, quand son père voulut l'emporter, il se débattit et glissa de ses bras en murmurant:

« Laisse-moi faire un pas, rien qu'un. »

Hélas! ses jambes inégales lui refusèrent tout service et il serait tombé si M. Preslier ne l'eût soutenu.

Alors le rayon de son regard s'éteignit. On l'étendit sur le canapé; on jeta un tissu moelleux sur ses jambes infirmes, toujours froides à présent, et tante Brigitte lui dit avec un enjouement forcé:

« Mais regarde donc en bas. On a planté de belles fleurs, des chrysanthèmes, juste en face de toi. »

Il jeta sur le jardin un coup d'œil distrait et détourna la tête. Un léger tremblement l'agitait.

« Veux-tu quelque chose, mon Riri? » lui demanda son père.

Non, il ne voulait rien, il était fatigué. Et il se renversa sur les coussins, fermant les yeux comme s'il se préparait à dormir.

Au bout de quelques instants, M. Preslier et Mme Brigitte quittèrent la chambre, laissant Riri à la garde de Marcelle qui certes ne le troublerait point, et veillerait attentivement sur lui.

Elle faisait un cache-nez pour Raoul qui, aux approches de l'hiver, souffrait souvent de la gorge. Le blanc crochet s'enfonçait dans la laine rouge et noire et en ressortait lestement. De temps en temps, Marcelle regardait son cousin endormi.

Soudain une larme roula des cils dorés sur la

joue blanche, tandis qu'un sanglot entr'ouvrait la bouche du petit garçon.

Elle courut à lui et s'agenouillant près du canapé:

« Tu ne dors pas. Qu'as-tu, Riri? »

Le pauvre enfant n'avait pas la force de dissimuler.

« Marcelle, Marcelle, je ne marcherai plus.

— Pouquoi penses-tu?... bégaya-t-elle effrayée.

— Je le sens, je le devine... Quand j'en parlais, tout le monde se troublait: papa, tante Brigitte, jusqu'au docteur. Et toi-même, toi, Marcelle, qui n'as jamais menti, oserais-tu dire que je marcherai un jour? »

Elle resta muette et baissa tristement la tête.

« Tu vois bien... Oh! Marcelle, comprends-tu? Ne plus jouer à la balle, sauter, faire courir mon cerceau, ne plus faire tout cela, jamais, jamais. Dis, ne suis-je pas le plus malheureux des enfants? »

Ses larmes redoublèrent.

Pendant plusieurs minutes, Marcelle garda le silence, ne trouvant rien de mieux à faire, ne sachant comment apaiser ce chagrin violent, si naturel après tout. Puis une inspiration lui fut donnée.

« Mon cher petit Riri, dit-elle, veux-tu prier avec moi pour que le bon Jésus et la sainte Vierge te consolent? »

Riri la regarda avec étonnement. Il priait bien sagement le matin et le soir et suivait, le dimanche, les oraisons de la messe dans son paroissien à tranche dorée; mais il ignorait encore — il était si petit — que la prière est une force sur laquelle on s'appuie, un baume pour les blessures du cœur, une source de consolation pour les déshérités, et qu'elle allume dans les ténèbres de nos deuils une brillante étoile qui a nom : l'Espérance.

Marcelle savait ces choses comme d'instinct. De bonne heure, la souffrance avait tourné son âme vers Dieu. En Lui seulement, l'orpheline avait trouvé un refuge, un soutien, un cœur tout plein d'amour, et à son tour elle donnait de ce qu'elle avait reçu.

Elle tira son chapelet de sa poche et lentement commença :

« Notre Père qui êtes aux cieux. »

Riri répondait à travers ses pleurs.

La dizaine terminée, Marcelle prit la main du petit garçon.

« Vois-tu, Riri, il me semble que tu as tort de te désoler. Tout arrive par la volonté du bon Dieu, n'est-ce pas ? C'est donc Lui qui a voulu cet accident, et certainement c'était pour ton bien. Tu ne comprends pas, ni moi non plus, mais nous comprendrons un jour. En attendant, pour Lui plaire et pour ne pas affliger davantage mon pauvre oncle,

qui a déjà beaucoup de chagrin, sois courageux, je
t'en prie. Après la terre, il y a le paradis. Là tu mar-
cheras, tu voleras même. Et puis, dès à présent,
tu ne seras pas si malheureux que tu le crois. Nous
t'aimerons tant, nous t'amuserons si bien! Je pas-
serai mes récréations avec toi, nous jouerons au
loto, aux dames, aux dominos; nous découperons
les jolies constructions que mon oncle t'a données.
Ce sera très amusant de les coller et de bâtir ainsi
des châteaux, des fermes, des églises. »

Riri pleurait toujours, plus doucement toutefois.

« Je ne sortirai plus, dit-il.

— Tu sortiras en voiture. »

Il ne répondit que par un profond soupir.

« D'ailleurs qui sait? Le médecin ne peut pas
te guérir; mais le bon Dieu le peut, Lui.

— Crois-tu qu'il le voudra, Marcelle?

— Pourquoi pas? Jésus a guéri tant de malades
quand il parcourait la Judée. Tu apprends l'Évangile. Ne te souviens-tu pas de ce paralytique qui
attendait depuis des années et des années qu'on
voulût bien le jeter dans la piscine dès que l'ange
aurait agité l'eau? Mais il avait beau attendre et
supplier, il n'y avait pas là une personne compa-
tissante. Un jour enfin, Notre-Seigneur passa
par là...

— Et il vit le pauvre homme, et il lui demanda
s'il voulait guérir, et il le guérit, acheva Riri avec

volubilité. Je n'avais pas fait grande attention à cette histoire-là, mais maintenant...

— Tu y penseras souvent, et au lieu de pleurer tu prieras le bon Jésus d'avoir pitié de toi. Moi aussi je prierai de tout mon cœur, va. »

Elle embrassa son petit cousin, qui souriait sous ses larmes mal séchées, et lui demanda s'il voulait voir des images avec elle; mais Riri était réellement fatigué d'émotions, et il ne tarda pas à refermer les yeux.

Mme Varauson le trouva dormant tout de bon, cette fois. Elle le déshabilla sans l'éveiller et le remit au lit.

IX

Personne, Marcelle exceptée, ne connut cette défaillance. On rencontre fréquemment chez les enfants une énergie surprenante, laquelle, jointe à l'heureuse insouciance de leur âge, leur donne une force d'endurance supérieure à celle des grandes personnes. Riri parut s'habituer à son triste état. Il ne parla plus de jeux ni de promenades, et M. Preslier, qui avait extrêmement redouté le fatal moment où son fils connaîtrait la vérité tout entière, se sentit soulagé à la vue de cette résignation facile.

De l'événement qui avait brisé le bonheur et l'avenir de l'enfant, il n'était point question. Deux fois seulement, Riri y fit allusion. Il demanda un jour :

« Sait-on qui avait tiré le coup de fusil dans le bois? »

M. Preslier répondit :

« C'était un chasseur étranger, un hôte du château de la Rallière.

— Ce n'était pas sa faute. On ne lui a rien fait, n'est-ce pas, petit père? »

La voix de Riri était un peu anxieuse.

« Non, mon chéri, on ne lui a rien fait,... ce n'était pas sa faute.

— Tant mieux! » dit le petit garçon avec un soupir de contentement.

Et un peu plus tard, après quelque hésitation :
« Où est Amir? »

Le père détourna la tête, une crispation douloureuse passa sur ses traits.

« Je ne pouvais plus voir ce cheval, je l'ai vendu.

— Pauvre Amir! » f.t Riri, et une larme brilla sous sa paupière.

Il la retint et ajouta très doucement :

« Lui non plus n'avait pas voulu mal faire. »

Ce fut tout.

Cependant les jambes de l'enfant reprenaient un peu de force. Un jour vint où il put faire quelques pas, appuyé sur des béquilles. Le lendemain il descendit à la salle à manger. Ce fut une scène à la fois joyeuse et navrante. On l'embrassait, on ne se lassait pas de suivre des yeux sa marche gauche et pénible. Tous les cœurs étaient oppressés, et pourtant c'était une action de grâces qui, du fond de ces cœurs, montait vers le Ciel.

Ce même jour Riri voulut aller dans le jardin. Il faisait un temps clair et froid. L'enfant suivit à pas lents la plus large allée et s'assit un instant sous le lilas dépouillé. Quelle que fût la tristesse de cette première promenade, il était content. L'air du dehors lui semblait si bon à respirer après cette reclusion forcée.

Désormais il sortit toutes les fois que le temps le lui permit. Un après-midi même il alla jusqu'au petit bois.

« J'avais bien cru que jamais je ne reviendrais ici, dit-il avec un ravissement naïf. Voyez-vous, ajouta-t-il, s'adressant à sa sœur et à Marcelle, l'été prochain nous y pourrons goûter encore; vous y cueillerez des fleurs. »

Et soudain sa gorge se contracta. Il pensait que lui n'en cueillerait plus jamais.

« Qui sait, songeait M. Preslier, que l'amour paternel rendait sujet à l'illusion, qui sait si, le temps aidant, Riri ne pourra pas se passer de ses béquilles ! »

Cet espoir ne paraissait pas devoir se réaliser. Le petit garçon restait languissant, ses fraîches couleurs n'étaient pas revenues, et qui l'aurait vu, se traînant par les sentiers où il bondissait naguère avec la fougue et la légèreté d'un jeune chevreuil, en aurait eu pitié.

On ne lui parlait plus d'étude. La table, placée près du canapé où il passait une partie de ses journées, était toujours encombrée de décalcomanies, de livres amusants, de jeux de patience, etc., etc. On eût dit que le pauvre père cherchait, à force d'idolâtrie, à lui faire oublier son malheur. Un jour toutefois Riri, l'œil triste et le front chargé de nuages, repoussa avec dégoût les objets qui, jusque-là, l'avaient intéressé, et dit à Marcelle :

« Si tu savais comme je m'ennuie ! »

La fillette l'interrogea du regard.

« Tu ne comprends donc pas ? reprit-il avec impatience. Je suis las de tout cela. Je voudrais... »

Il ne dit pas ce qu'il voudrait, et Marcelle ne le lui demanda point ; mais elle murmura, en passant ses doigts fins dans les blonds cheveux de son petit cousin par un geste caressant, presque maternel, qui lui était devenu familier :

« Pourquoi restes-tu là tout seul pendant que

nous travaillons? Viens avec nous à la salle d’étude, tu trouveras le temps moins long. »

Il hocha la tête sans répondre.

A l’heure des leçons, il suivit sa sœur et sa cousine.

Mlle Hervé parla d’histoire. Le sujet, présenté d’une manière très intéressante, captiva l’attention de Riri. Quand ce fut fini, il saisit une plume et résuma en une page ce qu’il venait d’entendre.

« Mais c’est parfait, mon petit Riri, dit Mlle Clarisse. Je vais vous marquer une très bonne note. »

Charmé d’un tel succès, l’enfant demanda à faire un problème, s’appliqua et trouva la solution. Le soir il était plus rose et plus gai.

« C’est drôle, dit-il à Marcelle, je ne me suis pas ennuyé.

— Parce que tu as travaillé, répliqua la petite fille. Continue, Riri, tu ne t’ennuieras plus. »

Il continua, et bientôt prit un goût réel pour l’étude. Son intelligence s’était étonnamment développée pendant ces longs mois de souffrance, et la rapidité de ses progrès émerveilla Mlle Hervé.

Le printemps était revenu. Le jour qu’on nomme avec raison le plus beau de la vie allait se lever pour Marcelle. Depuis longtemps elle s’y disposait par une exacte docilité, par une fidélité attentive à ses petits devoirs. La retraite la rendit plus sé-

rieuse et plus recueillie, et Riri se sentit pénétré
à son endroit d'un véritable respect.

Le jour qu'on nomme avec raison le plus beau de la vie
allait se lever pour Marcelle.

La veille de la première communion, au moment
où les retraitants sortaient de l'église, Corentine
s'approcha de Mlle Hervé, sollicitant la permission
de dire un mot à sa petite élève.

Comme tout le monde, l'institutrice estimait la Bretonne. Elle accorda volontiers l'autorisation demandée.

Alors Corentine présenta à Marcelle un paquet peu volumineux, soigneusement enveloppé dans du papier de soie.

« Mon enfant, dit-elle (et ce mot prenait dans sa bouche une expression profondément affectueuse qui lui enlevait tout caractère de familiarité choquante), on ne vous a sans doute jamais parlé de votre famille paternelle. Veuillez accepter ce petit souvenir ; il appartenait à une personne de cette famille, une sainte âme que j'ai beaucoup aimée... Promettez-moi de le porter demain. »

Marcelle réfléchit un instant.

« Si mon oncle ne s'y oppose pas, je le porterai, dit-elle.

— Je savais bien que vous ne me rebuteriez pas. Au revoir, enfant. Priez pour *lui.* »

La petite fille ne demanda pas le nom du personnage désigné par ce pronom mystérieux. Elle inclina la tête en signe d'assentiment.

A la maison seulement, elle ouvrit le petit paquet. Il renfermait un crucifix d'argent d'un assez beau travail. Ce bijou devait avoir été porté pendant de longues années, car les extrémités de la croix étaient amincies et la face du Christ aplatie et usée.

M. Preslier le tourna et le retourna entre ses mains.

« Désires-tu réellement suspendre ce crucifix à ton cou? » demanda-t-il à Marcelle.

Les orphelins, précisément parce qu'ils sont isolés, éprouvent souvent à un très haut degré le sentiment du respect pour les liens de la famille. Marcelle ressentait un certain plaisir attendri, en songeant à cette parente inconnue dont Corentine lui avait dit du bien, et regardait avec intérêt le modeste bijou qui lui parlait d'elle.

« Oui, mon oncle, répondit-elle en rougissant.

— Prends-le donc, je n'y vois nul inconvénient. Il faut avouer cependant que cette Bretonne est une singulière créature. Qu'elle ait connu la famille de ton père, c'est possible; mais pourquoi prendre des airs énigmatiques à propos d'une chose toute simple? N'aurait-elle pas mieux fait de s'expliquer clairement? Tu ne sais pas même le nom de celle qui fut la propriétaire de ce crucifix. C'est à croire que la pauvre fille a perdu l'esprit.

— Erreur, mon ami, erreur! dit Mme Brigitte. Corentine a toujours eu des allures passablement mystérieuses, je te le concède, mais elle jouit de la plénitude de sa raison. A mon avis, elle est même fort au-dessus de sa condition par la noblesse de ses sentiments. Ce que je ne m'explique pas, c'est qu’elle reste au service d’un personnage aussi peu honorable que le maître de la Solitude. Mais j’y pense : il serait peut-être bon, dans l’intérêt de Marcelle, de recueillir des renseignements sur sa parenté ; il n’y aurait pour cela qu’à interroger Corentine. Si tu t’en occupais, Alfred ? »

L’industriel fit un geste d’insouciance. Depuis le malheur arrivé à son fils, il n’était plus le même homme. Sa belle gaieté s’était évanouie ; à peine semblait-il s’intéresser à ce qui se passait autour de lui, et c’était bien difficilement qu’on l’arrachait aux sombres pensées dans lesquelles il se complaisait.

Le jour de la première communion se leva dans un ciel sans nuage ; rien ne troubla la douce paix de Marcelle. Elle n’avait ni père ni mère pour se réjouir avec elle, mais Raoul était là ; et tous les habitants du Bois-Rosé l’entouraient à l’envi d’attentions affectueuses. Doucement et insensiblement, elle avait fait la conquête de ces bons cœurs.

Lorsque, toute pâle d’émotion contenue, idéalement touchante sous sa virginale parure, elle entra dans le salon où on l’attendait pour partir, Riri s’avança aussi vite que le lui permettaient ses jambes débiles et se penchant à son oreille :

« Ma petite Marcelle, murmura-t-il, il me semble qu’aujourd’hui le bon Jésus ne peut rien te refuser. Quand il sera dans ton cœur, demande-lui de me

guérir à cause de pauvre papa qui ne rit plus
depuis... »

La petite fille eut un beau sourire.

« Ma première prière sera pour papa et maman
qui sont morts, la seconde sera pour toi, Riri. »

Marcelle n'en dit pas davantage. Pour qui donc
serait sa troisième prière?

Elle fut pour M. Mathizie.

Et quand notre héroïne revint de la table sainte,
les yeux baissés, les mains croisées sur sa poitrine,
abîmée dans son recueillement, il y eut dans l'assistance une femme qui pleura en la contemplant
de loin.

Cette femme était Corentine.

X

Et bien des jours ont succédé à ce beau jour.

Ils se sont écoulés en une interminable série,
s'accumulant dans les ombres du passé, se faisant
semaines, puis mois, puis années, et sans hâte,
d'une main sûre ils ont accompli leur tâche; creu-
sant sur certains fronts des rides plus profondes,
dégarnissant des tempes, voûtant des épaules

robustes, développant aussi des tailles juvéniles et semant des roses sur des joues pâlottes. Ainsi va le monde depuis des siècles.

Les quatre années qui nous séparent maintenant de la première communion de Marcelle ont amené la conclusion d'un heureux mariage : Frédérique a épousé, il y a six mois, un jeune avocat d'Angers, M. Abel Martial.

A cette occasion, M. Preslier a donné des fêtes. De nombreux amis des deux familles se sont réunis pour féliciter les jeunes époux. Puis ils sont partis, et le Bois-Rosé est retombé dans son calme ordinaire, un calme si profond qu'il confine à l'engourdissement.

Ce dernier mot peut sembler étrange ; il est exact pourtant. Le vieux logis, si joyeux, si bruyant jadis, serait souverainement morose si Marcelle n'y était pas.

Elle seule y répand, sans en avoir l'air, un peu d'animation et de gaieté. Elle est devenue l'âme de ce foyer, le rayon du soleil qui l'illumine, l'oiseau chanteur qui le réjouit. Le départ de Frédérique a fait un vide moins grand qu'on aurait pu le croire : Marcelle est une fille aimante pour M. Preslier, une sœur dévouée pour le petit infirme. Bien qu'elle n'ait rien perdu de son infatigable activité, Mme Brigitte sent ses forces décroître chaque jour ; mais elle a trouvé en Marcelle une aide intelligente et docile, sur laquelle elle peut se décharger de la plus lourde part de ses occupations.

Nous retrouvons notre héroïne, sur le balcon tout embaumé des parfums de la glycine qui l'enguirlande et du gros lilas qui fleurit dans un angle de la cour.

Marcelle a quinze ans : sa taille est petite, mais souple et droite comme un jonc ; la fraîcheur de ses joues annonce la santé. Il y a un reflet brillant sur sa brune chevelure, un rayon grave et doux dans ses yeux bleus. L'enfant chétive s'est épanouie en une forte et gracieuse fille.

Près d'elle, un adolescent est à demi étendu dans un fauteuil, les jambes allongées sur des coussins. On l'appelle Henri à présent, et quelquefois encore Riri par amitié. Marcelle, disons-nous, s'est épanouie. En revanche, lui, le pauvre enfant, s'est étiolé ; ses traits pâles et fins portent le cachet de l'habituelle souffrance. On peut la lire dans le pli de la bouche, douloureux même quand elle sourit, sur les joues aux pommettes saillantes, dans les yeux qu'estompe un cerne bleuâtre et qui n'ont plus rien de l'espiègle regard du Riri d'autrefois ; ils sont au contraire presque trop sérieux pour son âge. Une partie des nuits d'Henri s'écoule dans l'insomnie, et parfois une petite, oh ! toute petite fièvre consume ses forces. Le docteur ne peut préciser aucun genre de maladie. D'ailleurs Henri assure qu'il se porte bien, on doit le croire.

Il travaille beaucoup, sous la direction d'un professeur de Poitiers qui lui consacre deux heures par jour. Aussi est-il plus avancé dans ses études que la plupart des garçons qui fréquentent les collèges.

En ce moment, il a laissé glisser à ses pieds le volume qu'il lisait tout à l'heure, et ses yeux sont attachés sur le travail de sa cousine : une guirlande de roses naissantes et de myosotis d'une délicatesse extrême qui se déroule sur un fond de velours noir. Les branches flexibles s'entrelacent sous les doigts agiles de la brodeuse : c'est charmant à regarder. Mais Henri la regarde-t-il vraiment ?

On pourrait en douter, en considérant l'expression soudainement attristée de sa physionomie, et ses sourcils qui se contractent sous l'effort de la pensée.

« Marcelle, dit-il vivement, ne penses-tu pas que papa a quelque chose ? »

L'œil limpide de la jeune fille se leva sur Henri.

« Il souffre, dit-elle, je le vois bien.

— Et sais-tu ce qui le fait souffrir ? »

Elle secoua négativement la tête.

« Est-il malade ?

— Je ne le crois pas.

— Pourtant il n'a pas d'appétit, et le matin ses paupières sont rougies comme celles de quelqu'un qui n'a pas dormi. Ce ne peut être ma santé qui l'alarme à ce point. Je vais bien actuellement.

— Oui, c'est convenu, dit Marcelle, regardant avec pitié le visage émacié d'Henri et ses prunelles où brillait un reste de fièvre; mais je suppose comme toi que mon oncle a un sujet de chagrin qu'il ne veut pas avouer.

— Et que je veux connaître, s'écria ardemment Henri. Malheureusement je m'y prends mal, je montre tout de suite mes inquiétudes; et lui, voyant cela, me répond par des plaisanteries. Essaye à ton tour, Marcelle.

— J'essayerai, Henri. Laisse-moi attendre une occasion favorable et calme-toi, je t'en prie, dit affectueusement la jeune fille; la moindre agitation te fait mal, tu ne l'ignores pas. »

Il essuya de ses doigts amaigris la sueur qui perlait à ses tempes et s'efforça de sourire.

« C'est pour lui que tu travailles, reprit-il en regardant réellement, cette fois, la guirlande qui courait sur le velours.

— Mon Dieu, oui, je lui brode des pantoufles. C'est un cadeau classique, ajouta-t-elle en riant. Que veux-tu ? les siennes sont usées.

— C'est très joli. Moi, je veux faire quelques retouches à mon aquarelle; nous irons tantôt au

Moulin-Neuf, si tu veux. Il me faut étudier les jeux de la lumière dans les vieux saules. Sais-tu qu'il est difficile de rendre ces choses-là comme on les voit ? Ramasse mon Homère, s'il te plaît, Marcelle. »

Elle releva le livre, et silencieusement reprit sa broderie, ce qui ne l'empêcha pas de suivre le cours de ses réflexions.

Nous l'avons dit: depuis la terrible chute d'Henri, M. Preslier avait perdu sa joviale humeur; en outre, quelque temps après le mariage de Frédérique, son caractère, sans cause apparente, subit une plus profonde altération. Il fuyait le cercle de la famille et passait de longues heures enfermé dans son appartement. A l'heure des repas, il était sombre et taciturne, oubliait quelquefois les mets sur son assiette, s'emportait pour un rien, évitait de regarder son fils ou bien fixait sur lui des yeux qui s'emplissaient d'angoisse.

Marcelle s'en aperçut la première, mais bientôt le malaise de M. Preslier devint évident et chacun se creusa la cervelle pour en pénétrer le motif.

« L'état d'Henri l'inquiète, » disait Mme Brigitte, et Mlle Clarisse partageait cette opinion.

Tel n'était pas l'avis de Marcelle. Naturellement observatrice, elle avait deviné à certains indices que si le jeune infirme n'était pas étranger aux préoccupations de son père, il n'en était pas l'unique cause.

Le bruit que fit la grille en tournant sur ses gonds attira soudain l'attention de Marcelle. Vincent recevait le courrier des mains du facteur.

« Voici quelque chose pour vous, mademoiselle, dit-il en élevant une enveloppe chargée de trois timbres.

— Une lettre de Raoul, fit Henri qui avait aussi levé la tête.

— Ne montez pas, Vincent. Il faut que je descende, » dit Marcelle.

Elle plia son ouvrage et quitta le balcon.

Chaque jour, à cette heure, elle prenait une leçon de cuisine. Habituée à modérer son impatience, elle se contenta de jeter les yeux sur la lettre assez volumineuse dont la suscription était de l'écriture de son frère, et sagement alla se mettre à la disposition de Jeannette.

« Vous savez faire le ragoût, dit cette dernière en agitant une casserole. Occupez-vous du foie, mademoiselle; mettez du beurre dans la poêle... un peu plus, et faites sauter à feu vif. Voici votre persil haché fin, vous le jetterez dessus dans un moment. C'est que vous ne vous y prenez pas maladroitement du tout. »

Marcelle écoutait d'une oreille et songeait à son

frère. Ce cher Raoul! ses lettres étaient toujours les bienvenues. D'abord elles apportaient des nouvelles, et de si bonnes nouvelles! Le polytechnicien se portait bien. Il avait d'excellentes notes, toujours parmi les premiers. La petite sœur était fière de son aîné. Elle le revoyait souvent en souvenir, tel qu'il était aux dernières vacances, **sous** l'élégant uniforme qui seyait si bien à sa **taille** svelte, avec les fines moustaches qui donnaient à sa figure juvénile un air tout à fait martial, du moins Marcelle en jugeait ainsi. Il voulait être officier d'artillerie, une belle arme! et ce choix plaisait à la jeune fille. Pour conquérir la bourse qui lui avait ouvert les portes de l'École, Raoul avait travaillé avec ardeur. Au premier moment, M. Preslier projetait de faire quelques objections. La vie d'un officier pauvre est parfois pénible, et puis il y avait Marcelle.

Ici, ladite Marcelle lui avait fermé la bouche avec une petite mine suppliante, à laquelle il était impossible de résister. Elle savait faire un sacrifice, elle se résignerait de bon cœur à ne voir Raoul que de loin en loin. Quant à entraver l'avenir de son frère par la considération de son avenir personnel, Marcelle priait Dieu de la préserver d'un tel égoïsme. Grâce aux leçons de Mlle Hervé, elle obtiendrait de bonne heure ses diplômes; c'était une ressource, cela... pour plus tard. Elle disait plus tard parce que, malgré sa modestie, elle se sentait nécessaire à son tuteur et à tante Brigitte, nécessaire à Henri surtout.

Et Marcelle retournait le foie qui blondissait, puis se colorait de teintes rousses et chaudes à l'œil.

« Vous feriez une fameuse cuisinière, mademoiselle, lui dit Jeannette. Vous avez des dispositions. C'est dommage que vous ne soyez pas destinée à gagner votre vie de cette façon-là, conclut-elle naïvement.

— Vous croyez, Jeannette?

— Quand je dis que c'est dommage, c'est une manière de parler, fit observer la servante. Je ne vous le souhaite pas, mademoiselle Marcelle. Mais vous êtes mignonne à croquer avec votre tablier blanc, et puis vous maniez si adroitement les ustensiles! Ce n'est pas comme Mlle Frédérique... je veux dire Mme Martial, Dieu la bénisse! Elle est bien gentille, mais trop brouillon. Elle ne manquait jamais de verser trop d'eau dans la sauce et de faire brûler les côtelettes. Une fois, elle faillit s'ébouillanter le pied. Ça me fit une peur bleue. Retournez encore le foie, mademoiselle, il est cuit à point. Quand je pense que monsieur n'en mangera peut-être pas !... »

La loquace Jeannette poussa un gros soupir.

« Vrai, monsieur est malade. Ce n'est pas

naturel de manquer d'appétit, surtout pour lui qui
était une si bonne fourchette.

— Il ne se plaint pas, ma bonne.

— Ne vous y fiez pas, mademoiselle. Il y a des
gens qui ne disent jamais : J'ai mal à la tête, ou à
l'estomac, ou à la poitrine, et qui sont malades à
mourir. Ah! la maison a été bien gaie, mais ça
n'est plus qu'un souvenir. En ce temps-là, M. Henri
était joliment turbulent et tapageur. Vous rap-
pelez-vous, mademoiselle? Toujours riant, chantant
à tue-tête, sautant quatre à quatre les marches de
l'escalier. Je lui disais : « Un jour, vous vous rom-
« prez le cou, monsieur Riri. » Mais je n'en croyais
rien, et quand l'accident est arrivé, il me semblait
que je faisais un mauvais rêve. Et on s'étonne que
le chagrin ronge monsieur! »

La cloche du dîner interrompit Jeannette, et ce
ne fut qu'après ce repas que Marcelle put lire
enfin la lettre de Raoul.

Le polytechnicien passait sur les menus détails
qui alimentaient ordinairement sa correspondance
avec sa sœur. Après quelques phrases affectueuses,
il continuait en ces termes:

« Figure-toi, ma petite Marcelle, que j'ai fait
une découverte.

« Ne va pas au moins bâtir sur ce mot des
châteaux en Espagne. Je n'ai trouvé ni le secret

de la navigation aérienne au long cours, ni le
moyen de remplacer économiquement les domes-
tiques par l'électricité, ni la pierre philosophale;
en un mot, je n'ai pas fait un bout de découverte
qu'on puisse décemment présenter à l'Académie
des sciences, dans le but de se rendre utile à l'hu-
manité et d'acquérir du même coup la fortune et
la gloire.

« La découverte dont je vais t'entretenir n'a
d'autre mérite que celui de m'avoir extraordinaire-
ment et, je l'avoue, désagréablement surpris.

« Je t'ai parlé quelquefois d'Ernest Beauquelin,
le camarade qui, avec Hubert de Grévodan et moi,
forme le trio dit des Inséparables.

« Jeudi, jour de sortie, Beauquelin nous emmena
chez sa mère qui est veuve et occupe, avenue des
Champs-Élysées, un très confortable et très coquet
appartement, tendu de peluche et de satin, plein
de choses solides et de jolies choses. (Mme Beauquelin est riche, excellente ménagère et un peu
artiste.) Une perle de mère d'ailleurs! Les amis de
son Ernest ont été accueillis avec une bonne grâce
tout affectueuse. Je crois au surplus que nous ne
déparions pas son salon. Tu sais comme Grévodan
a l'air grand seigneur, tout en restant simple et
bon enfant. Quant à ton humble serviteur, pourquoi ne pas confesser sans fausse modestie qu'il
possède un physique passable?

« Bref, nous fûmes traités en enfants de la maison. Dans le cours de la conversation, Mme Beauquelin me dit tout à coup :

« — Vous êtes Breton, je crois ?

« — A demi seulement, madame. Mon père est né à Lorient.

« — A Lorient, répéta-t-elle. Mais moi aussi, je suis Lorientaise. J'ai eu dans mon enfance un petit voisin, un camarade de jeux qui s'appelait Marcel Le Blézec.

« — Marcel était le nom de mon père, madame.

« — Vous seriez le fils de mon ami Marcel ! Est-il possible ? Mais oui... il avait quatre ou cinq ans de plus que moi. Il s'engagea à dix-huit ans et ne fit qu'une apparition au pays, à sa majorité. Depuis, je n'en ai plus entendu parler... Où est maintenant votre père ?

« — Hélas ! madame, il est mort de bonne heure, tué par le chagrin, m'a-t-on dit. J'avais sept ans à peine.

« — Pauvre Marcel ! Il était donc voué au malheur ! Son enfance et son adolescence se sont écoulées sous un joug bien dur. On pouvait espérer que l'avenir lui réservait des compensations. »

« Ma curiosité, tu le conçois, était éveillée.

« Madame, dis-je, je ne sais rien de mon père. Les faits antérieurs à son mariage étaient probablement ignorés de ma famille maternelle. Je serais heureux d'apprendre ces détails de la bouche d'une personne qui a connu mon père enfant.

« — Mon Dieu, monsieur, reprit Mme Beauquelin, ce que je sais se réduit à bien peu de chose. Orphelin à quatre ou cinq ans, Marcel fut d'abord élevé par sa grand'mère, Mme Mathizie, chez laquelle j'ai joué si souvent et mangé tant de tartines de confitures. Et quelles confitures! Je crains que Mme Mathizie n'ait emporté sa recette au tombeau. Ce furent là les seules heureuses années de la vie de Marcel. Sa grand'mère jouissait dans tout Lorient d'une réputation de piété et de charité qui lui attirait le respect universel. Malheureusement son fils, M. Lucien, ne lui ressemblait pas. Marcel tomba sous la tutelle de cet oncle à la mort de son aïeule. Mais pardon: j'oubliais que M. Lucien Mathizie est votre grand-oncle. Vous le connaissez sans doute ! »

« Le nom de Mathizie m'avait immédiatement frappé. Néanmoins je ne pouvais prendre mes soupçons pour une réalité et je crus devoir répon tre négativement à Mme Beauquelin. Elle pensa probablement que celui dont elle évoquait le souvenir était mort, lui aussi, et elle n'éprouva aucun scrupule à continuer ses révélations. Il serait trop long de les écrire; je préfère te les répéter de vive voix. Sache seulement que M. Lucien Mathizie fut un véritable tyran pour son neveu, et que la rumeur publique, fondée ou non, l'accusa d'avoir peu honnêtement administré le patrimoine de ce dernier. Inutile de te dire que Mme Beauquelin usa, en touchant ce point délicat, de nombreuses réticences et de périphrases habiles à travers lesquelles je démêlai parfaitement le fond de sa pensée. Quoi qu'il en soit du soupçon qui s'attaquait à l'honorabilité de M. Mathizie, la fortune de notre père se trouva à sa majorité sensiblement diminuée. Du reste, il ne fit entendre aucune récrimination et se borna à ne plus voir son oncle.

« Et maintenant, petite sœur, en rapprochant le récit de Mme Beauquelin des paroles de Corentine, je ne saurais m'empêcher de me poser cette question : l'oncle de notre père et l'Ermite ne seraient-ils pas une seule et même personne ?

« Trois fois, hélas ! une réponse affirmative s'impose presque à mon esprit. Voilà une belle découverte, n'est-il pas vrai ? et bien faite pour flatter notre amour-propre.

« Avoir pour grand-oncle un avare et, disons le mot, un usurier ! pouah ! cette pensée me soulève le cœur.

« Tâche de savoir s'il se nomme Lucien. Mathizie est peut-être, qui sait ? un nom très commun en Bretagne.

« Tiens, je hais l'ignorance et l'incertitude. Mieux vaut l'éclat de l'évidence, même si cette évidence vous est un sujet de confusion.

« Je m'aperçois que je termine sur un ton de mauvaise humeur une lettre gaiement commencée. Vois-tu? je croyais en avoir pris mon parti, c'était une erreur.

« Ne te désole pas à ce propos et ne dis rien à notre bon tuteur que j'embrasse bien fort. Dépose mes affectueux respects aux pieds de tante Brigitte et de Mlle Hervé, et secoue cordialement en mon nom la main du cher Henri.

« Une sonnerie m'appelle. Je t'envoie à la hâte, chère petite sœur, mille et mille baisers.

« Ton frère,

« RAOUL. »

XI

On fêtait au Bois-Rosé l'anniversaire du chef de la famille.

Pendant bien des années ç'avait été une date joyeuse. Les enfants en rêvaient un mois d'avance. Ils faisaient en grand secret, avec des airs pleins de mystère, leurs petits préparatifs, et M. Preslier aurait pu montrer encore, au fond d'un tiroir de son secrétaire, des rouleaux de papier couverts d'une écriture enfantine et liés avec des faveurs bleues et roses, représentant les compliments qui lui avaient été adressés par ses chéris et qu'il avait soigneusement collectionnés, pour le plaisir de sourire de temps en temps à ces témoignages de leur tendresse.

Aujourd'hui, les enfants aimaient autant leur père, et dès le matin une longue lettre et une petite caisse apportèrent à M. Preslier les vœux et le présent de Frédérique. Il fit mettre le tout dans sa chambre, regarda l'écran japonais, lut la lettre tout entière; puis, la posant ouverte sur la table, il cacha son visage dans ses mains et pleura à sanglots.

Personne ne pouvait le voir: il n'eut pas à rougir de sa faiblesse; mais en pensant à la soirée où tout le monde l'entourerait, l'embrasserait, s'efforcerait de le réjouir, il se sentit énervé, excédé, et fit un geste de lassitude en murmurant:

« Mon Dieu, si je pouvais donc m'épargner cette corvée. »

Puis il eut un remords.

« Pauvres enfants! laissons-leur goûter encore une joie. »

Et il prit une résolution quasi héroïque: il serait

tranquille en apparence, enjoué même s'il était possible; il dissimulerait ses poignantes angoisses.

Marcelle et Henri furent soulagés en le voyant entrer dans la salle à manger avec une figure souriante. Ainsi encouragés, ils rivalisèrent d'entrain, et le repas du soir fut plus animé qu'il ne l'avait été depuis trois mois.

Au dessert, bouquets et cadeaux apparurent. Marcelle offrit ses pantoufles, Henri son aquarelle. M. Preslier s'émut.

« Ah! cousine, que vous êtes bonne! Merci, mademoiselle; merci, mes enfants. Je sais bien que vous m'aimez tous. »

Henri l'entoura de ses bras.

« Oh! oui, nous t'aimons, père, et nous voulons te voir heureux.

— Heureux! » répéta M. Preslier comme un écho.

A ce moment, Vincent ouvrit la porte.

« Voici ce qu'on vient d'apporter pour monsieur. »

L'industriel saisit avidement la lettre qu'il lui présentait, la décacheta d'une main fiévreuse, et soudain la déchira avec violence et fit le geste de lancer les morceaux par la fenêtre; mais, se ravisant, il les enfouit dans sa poche et se leva, le visage couvert d'une effrayante pâleur.

« Je sors, bégaya-t-il. Une affaire pressante,... ne m'attendez pas. »

Il quitta la salle à manger, et d'un pas saccadé, la tête basse, il traversa la pelouse.

« Mon Dieu, que signifie tout cela? s'exclama Mme Varauson en joignant les mains.

— Ah! tante Brigitte, vous voyez bien qu'il ne s'agit pas de moi, balbutia Henri, qui fondit en larmes.

— Non, non, pas de toi. Mais, pour Dieu, de quoi s'agit-il? Pourquoi ne pas nous confier ses peines, s'il en a, au lieu de nous jeter dans de mortelles alarmes? Enfin devinez-vous, Clarisse, ce qu'il peut avoir? »

La bonne fille ouvrit des yeux effarés.

. « Comment voulez-vous, madame?...

— Sans doute, personne ne peut deviner ces choses-là. Vous comprenez, ça vous met martel en tête, on se creuse vainement le cerveau et on voudrait bien que les autres fissent la lumière. Riri, mon mignon, ne pleure pas. Ce n'est rien, très probablement,... une contrariété sans importance, un petit souci; il y en a pour tout le monde ici-bas. Ce n'est rien, te dis-je. »

L'agitation de tante Brigitte prouvait péremptoirement qu'elle ne croyait pas un mot de ce qu'elle avançait. Tout en parlant, elle avait pris Henri sur ses genoux, lui essuyait les yeux, le caressait, le dorlotait comme s'il eût été un petit enfant.

Pendant ce temps, Marcelle faisait disparaître

les fleurs restées sur la table. A quoi bon cet air de fête dans une maison que visitait le malheur?

Tout à coup elle aperçut sur le parquet un petit morceau de papier échappé des doigts de M. Preslier, au moment où il remettait dans sa poche la lettre déchirée.

Ce débris portait une signature tracée d'une écriture grêle et tortueuse et terminée par un maigre paraphe. Marcelle lut ce nom : L. Mathizie.

Négligemment elle se baissa et ramassa le papier. Personne n'y fit attention. Une souffrance étrange la mordait au cœur. L'Ermite avait écrit à M. Preslier ! C'était invraisemblable, et pourtant c'était vrai.

Quelles relations pouvaient donc exister entre son tuteur et un homme pour lequel il professait un profond mépris? A tout prix la jeune fille voulait éclaircir ce mystère. Sa timidité, la répugnance qu'elle éprouvait à se mettre en avant, disparaissaient à cette heure pour faire place au désir passionné de savoir.

Tante Brigitte, trouvant la peau d'Henri très sèche et son front brûlant, l'engagea à se coucher aussitôt. Le reste de la soirée se traîna languissamment entre les trois femmes, et, quand neuf heures sonnèrent, Mme Varauson donna, en se levant, le signal de la retraite. M. Preslier n'était pas revenu.

Un peu avant onze heures seulement il rentra, assourdissant le bruit de ses pas. Précaution inutile : tous les yeux étaient demeurés ouverts, et ce ne fut qu'après que le père de famille eut refermé la porte de son appartement que les autres habitants de Bois-Rosé tombèrent dans un sommeil qui, pour plusieurs, fut hanté par d'affreux cauchemars.

M. Preslier ne parut pas au déjeuner du lendemain. Il fit dire que, étant très occupé, il mangerait dans sa chambre, et ne voulait être dérangé sous aucun prétexte.

En transmettant ce message, Vincent avait la mine ahurie d'un homme qui ne comprend rien à ce qui se passe.

Un silence de consternation régna d'abord dans la salle à manger.

« C'est bon, Vincent. Qu'on serve, » dit Mme Brigitte, se ressaisissant la première.

On se mit à table, mais l'appétit manquait. Au bout de cinq minutes, Henri repoussa son assiette.

« Voilà un enfant qui tombera malade, grommela tante Brigitte, regardant avec pitié la figure défaite et souffreteuse du jeune garçon.

— Tu n'as rien pris; mange au moins quelques bouchées, murmura Marcelle, en passant ses doigts fins dans les boucles courtes qui entouraient ce pâle visage.

— Je ne le puis, Marcelle, je souffre trop. »

Il ajouta à voix basse :

« Crois-tu qu'il me refuserait sa porte? »

Marcelle songea immédiatement à l'ébranlement fatal qu'une vive émotion pourrait produire dans les nerfs surexcités de l'enfant.

« Je ne le pense pas, répondit-elle sur le même ton; mais... veux-tu te fier à moi? Avant ce soir, je saurai... »

Il leva sur elle son œil morne, qui s'animait un peu.

« J'ai confiance, Marcelle, mais hâte-toi. L'incertitude me tuerait, vois-tu? »

La jeune fille tressaillit. Elle sentait qu'il disait trop vrai. Pour avoir raison de cet organisme anémié, il ne faudrait qu'une inquiétude prolongée.

« Sois tranquille, répondit-elle, et prends patience jusqu'à ce soir. Je réussirai. »

Et si ferme était son accent, qu'Henri sentit au fond de son cœur comme un tressaillement d'espérance.

XII

Marcelle avait guetté tout l'après-midi une occasion propice.

Elle savait que Jeannette avait offert plusieurs fois à M. Preslier des aliments, toujours obstinément repoussés. Avec des gestes désolés et d'énormes soupirs, la cuisinière avait fait le récit de ses tentatives infructueuses. Elle n'avait pu même entrer, la porte étant fermée en dedans, et son maître lui avait répondu, brièvement d'abord, puis avec impatience, qu'il n'avait besoin de rien et demandait qu'on le laissât en repos. A la fin, il s'était fâché si fort, que Jeannette était redescendue en toute hâte, répandant sur son tablier le bouillon qu'elle portait.

« Ça ne peut pas durer de cette façon-là, déclara Mme Brigitte d'un ton agité. J'y vais, il faudra bien qu'il ouvre. »

Elle prit le plateau et monta résolument; mais elle reparut bientôt avec une mine déconfite qui disait clairement son insuccès.

« J'y renonce, fit-elle. Il est d'une humeur de

hérisson. Croirais-tu, petite, qu'il n'a pas même voulu entr'ouvrir sa porte? Il travaille, il n'a pas le temps de manger. A d'autres! »

Elle n'avait pu même entrer, la porte étant fermée en dedans.

Elle ajouta en regardant Marcelle, qui dessinait une tête de madone :

« Tu es drôle, toi, avec ta tranquillité. Comment

fais-tu pour donner tes coups de crayon si régulièrement? Je ne te comprends pas. Tu n'es pourtant pas indifférente. »

Marcelle sourit tristement et vint appuyer sa tête pensive sur l'épaule de la vieille dame.

« Non, je ne suis pas indifférente, tante Brigitte. Mon cœur souffre comme le vôtre, je donnerais la moitié de ma vie pour vous soulager.

— Je le sais, ma fille (et Mme Brigitte toussa pour cacher son attendrissement); mais quoique bien jeune, tu as un étonnant empire sur toi-même. Ah! tu es bien heureuse.

— Confiance, ma bonne tante! Dieu viendra à notre aide. »

Mme Varauson soupira en murmurant :

« Oui, il n'y a que Lui, » et sortit brusquement.

Quelques minutes après, la porte se rouvrit. Marcelle, qui avait repris son travail, ne leva pas la tête, croyant que c'était tante Brigitte qui revenait. Mais deux mains s'appliquèrent sur ses yeux, et une voix rieuse dit :

« Devinez qui est là ? »

Marcelle toucha les doigts longs et fins qui lui cachaient le jour, et répondit :

« Mary de Grévodan.

— Sorcière, comment m'avez-vous reconnue? J'avais si bien déguisé ma voix!

— Il fallait donc aussi déguiser votre main. Et maintenant laissez-moi vous voir, s'il vous plaît.

— C'est ma bague qui m'a perdue, dit Mary, regardant piteusement le cercle d'or mat, orné d'une croix de petites turquoises, qui brillait à son doigt. Enfin tant pis! »

Elle embrassa son amie et s'assit tout près d'elle.

Mary de Grévodan dépassait Marcelle de toute la tête. A seize ans et demi, elle possédait une beauté accomplie. Mais sa taille de palmier, l'éclat de ses grands yeux, sa bouche fraîche comme un bouton de rose, la régularité classique de ses traits, n'enlevaient rien au charme pénétrant, à la grâce exquise qui rendaient notre Marcelle si attrayante.

Celle-ci s'informait de la santé des châtelains de la Couronne.

« Merci. Papa et maman se portent à merveille, et nous avons reçu hier une bonne lettre d'Hubert. Je ne vous demande rien, parce que Mme Varauson, que j'ai rencontrée dans le corridor, m'a donné des nouvelles de tout le Bois-Rosé. Savez-vous que je suis venue en charrette anglaise, seule avec Céline, pour causer d'Henri? »

Marcelle la regarda d'un air étonné.

« Je m'explique. Vous avez peut-être ouï parler d'un cousin de papa, Philippe Lanty, lequel, parti pour l'Amérique à vingt-cinq ans, n'ayant en poche que son diplôme de docteur en médecine, y amassa un nombre très respectable de dollars et y conquit une grande réputation.

— Il me semble, en effet, avoir entendu nommer ce monsieur.

— Figurez-vous donc que, après avoir passé vingt années à parcourir le nouveau monde, du Mexique à la Plata et de Washington à Rio-de-Janeiro, le docteur Lanty fut pris d'une nostalgie insensée, qui ne lui laissait ni la paix de ses jours, ni le repos de ses nuits, et, aucun lien ne le retenant là-bas, il revint en France et tomba comme une bombe à la Couronne avant-hier. Jusque-là, rien de bien intéressant pour vous dans cette fugue de docteur illustre... et mûr. Mais écoutez le reste.

« Hier, au cours de la conversation pendant laquelle on avait remué les vieux souvenirs (papa et Philippe Lanty sont des amis d'enfance), quand le docteur eut conté maint épisode de son existence aventureuse, l'entretien tomba sur les progrès de la médecine et spécialement de la chirurgie. Mon père cita le cas d'Henri. Le docteur parut captivé; il questionna avidement au sujet du traitement suivi par le jeune blessé, et soudain il s'écria :

« — Ce n'était pas cela. J'aurais guéri cet enfant, moi.

« — Parles-tu sérieusement? demanda mon père.

« — On ne peut plus sérieusement. Ai-je l'air de plaisanter?

« — Et à présent, ne pourrais-tu rien pour lui?

« — A présent, c'est autre chose. Ce qui eût réussi au début resterait fatalement inefficace; il reste peut-être d'autres moyens d'action. Toutefois je verrais volontiers l'enfant; mais je ne m'occuperai de lui que si j'ai un espoir sérieux. »

« Voilà tout, Marcelle. Depuis, cette idée ne m'a pas quittée un instant : si Henri pouvait marcher? »

Marcelle joignit les mains. Si Henri pouvait marcher, quels que fussent d'autre part les soucis de M. Preslier, cet immense bonheur n'était-il pas capable de les lui faire oublier, de les effacer tous?

« Merci, chère Mary, dit Marcelle avec effusion. Si Dieu fait ce miracle, nous devrons à votre parent une reconnaissance éternelle. »

Elle ajouta d'un ton plus calme :

« Je ne parlerai point à mon oncle d'une espérance peut-être chimérique. La déception lui semblerait trop amère.

— C'est mon avis, et voilà pourquoi j'ai voulu

vous avertir d'abord. Demain, le docteur Lanty se présentera avec papa au Bois-Rosé en simple visiteur; il verra Henri, et... Dieu veuille qu'il dise une bonne parole.

— Oui, Dieu le veuille! » répéta Marcelle.

Et tout à coup son sourire s'éteignit, des larmes emplirent ses yeux.

« Ce n'est pas seulement ce que je viens de vous dire qui vous émeut à ce point, s'écria Mary. Chère petite Marcelle, vous souffrez! »

Dans un irrésistible élan, elle entoura de ses bras le cou de son amie en murmurant :

« Si vous le pouvez, confiez-moi le sujet de votre peine; j'essayerai de vous consoler.

— Je le voudrais, chérie, mais ce secret n'est pas le mien. Priez, afin que Dieu m'aide et m'inspire. »

Mary hocha sa belle tête blonde.

« Je prierai, Marcelle, mais vous avez gâté ma joie. J'étais accourue si gaie, si pleine de radieuse espérance, et je vous trouve affligée.

— Ce ne sera rien, je veux le croire, » fit doucement Marcelle.

Quand Mary l'eut quittée, elle consulta sa montre. Il était cinq heures. Elle ne pouvait plus attendre pour tenir la promesse faite à Henri.

Se tournant vers son crucifix, elle implora l'assistance divine; puis elle monta au second étage et frappa. Le silence seul lui répondit. Elle frappa de nouveau.

« Mon oncle, ouvrez pour l'amour d'Henri, » prononça-t-elle suppliante.

Il y eut de l'autre côté le bruit que fait une chaise violemment repoussée. En même temps une voix brève, mais anxieuse, questionna :

« Henri ! qu'a-t-il ?

— Il souffre, mon oncle. Si cet état se prolonge, il en mourra ! »

Marcelle entendit un gémissement, la clef fit mouvoir le pène. Le père était vaincu.

La jeune fille poussa doucement la porte, et se trouva en présence de son tuteur. Elle faillit jeter un cri en le voyant pâle comme un cadavre, les cheveux en désordre et les traits bouleversés.

« Mon bon oncle, qu'avez-vous ? »

Il eut un geste fébrile.

« Tu parlais d'Henri...

— Il n'est pas là, mon oncle. Sa sensibilité doit être ménagée. »

M. Preslier poussa un profond soupir et murmura :

« Que veux-tu donc ?

— Vous entretenir quelques instants, mon oncle.

— Ne sais-tu pas que j'ai à faire un travail urgent ? »

Elle jeta un coup d'œil sur la table encombrée de papiers.

« Donnez-moi seulement un quart d'heure, dit-elle.

— Parle vite, » fit-il d'un ton résigné.

Elle s'assit près de lui, et lui prenant tendrement les mains :

« Il y a cinq ans, mon oncle, vous rameniez de Paris une petite orpheline, vous l'introduisiez à votre foyer, vous lui faisiez une large place dans vos affections, et, par votre constante bonté, vous réchauffiez son cœur que l'indifférence avait glacé. Mon bon oncle, la petite orpheline a grandi; elle aime de toute son âme la famille qui l'a faite sienne, ne souhaite rien tant que de prouver effectivement sa gratitude. C'est elle qui vous supplie de lui accorder votre confiance. »

La voix de Marcelle tremblait d'émotion. Elle appuya ses lèvres sur les mains de son tuteur, deux grosses larmes y tombèrent.

« Au nom du Ciel, dit-il, explique-toi. »

Elle ouvrit un carnet de poche dans lequel elle avait soigneusement serré le morceau de papier trouvé la veille. M. Preslier devint plus pâle encore.

« Voici ce que j'ai ramassé dans la salle à manger, hier soir.

— Henri l'a-t-il vu? questionna M. Preslier, les dents serrées.

— Non, mon oncle, j'ai pu le lui cacher. »

Nerveusement l'industriel déchirait le papier.

« Vous avez le droit de garder votre secret, cher oncle, reprit Marcelle avec tendresse; mais vous m'avez bien des fois appelée votre fille. Une fille est-elle indiscrète parce qu'elle cherche la cause des souffrances de son père? »

Il ne répondit pas. Tout en faisant du malencontreux papier une boulette qu'il pétrit ensuite entre ses doigts, il se mit à marcher de long en large dans son cabinet. Marcelle le suivait des yeux en priant mentalement. Après cinq minutes de cet exercice, il se jeta sur son fauteuil de cuir, et d'un air accablé :

« Tu veux savoir. Eh bien, écoute. Cette lettre de Mathizie, autant l'avouer aujourd'hui que demain, cette lettre signifie que je suis ruiné. »

Marcelle ne fit pas le geste d'effroi qu'il attendait : divers indices l'avaient préparée à cette révélation.

« La ruine, dit-elle, ce doit être bien triste; mon pauvre père l'a connue; mais il y a des malheurs pires.

— Tu crois? Ce serait vrai si j'étais seul, et je me résignerais; mais je ne le puis quand je pense à Henri. »

Il se tordit violemment les doigts.

« Mon Henri! répéta-t-il, mon cher petit, infirme

pour la vie, pauvre maintenant, et tout cela par ma faute ! Ne me dis pas non, poursuivit-il avec une énergie sauvage. Ce cheval maudit, tu sais bien ? c'était mon présent de fête. Fatal présent ! Je me le redisais sans cesse, je ne songeais pas à autre chose, mes affaires étaient négligées, et... voilà où j'en suis.

— Pauvre oncle, calmez-vous !

— Laisse-moi parler, ça me soulage. Tu l'as voulu d'ailleurs. Harcelé par le chagrin, le remords, tout le reste était pour moi comme s'il n'eût pas été. Les contremaîtres dirigeaient la papeterie, je ne voyais pas qu'elle périclitait. Le mariage de Frédérique me força à envisager ma situation. Cette lumière m'épouvanta ; je sentis combien j'avais été coupable et fou. Au prix d'efforts inouïs, je parvins à donner à ma fille une dot convenable. J'espérais encore. J'écrivis à plusieurs négociants qui avaient cessé de m'adresser leurs commandes, leur promettant plus de diligence à l'avenir. Les réponses furent conformes à mes vœux.

« Toutefois les difficultés étaient immenses. J'avais à faire des payements importants, immédiats, sans parler des dettes pour lesquelles il me restait un certain laps de temps. Il me fallait tout de suite vingt-cinq mille francs. Après bien des combats entre ma fierté et l'inexorable nécessité, j'allai à la Solitude... »

M. Preslier s'arrêta, comme suffoqué par la confusion.

« Quelle torture! reprit-il d'une voix sourde. J'avais ouvertement témoigné à Mathizie le mépris qu'il m'inspirait; il n'ignorait pas que je m'étais opposé de toutes mes forces, au conseil municipal, à la décision de mes collègues, qui lui abandonnait les restes du monastère. Ce jour était pour lui celui de la revanche. Je dus en passer par tout ce qu'il voulut. Le billet de trente mille francs devait échoir fin avril. C'était trop tôt. Je comptais cependant sur une grosse livraison que je ferais à une maison de l'Ouest; mais les délais apportés à l'exécution des ordres du négociant avaient épuisé sa patience : la commande fut retirée. En même temps, une autre maison de commerce suspendait ses payements. C'était la ruine!... L'effet souscrit à Mathizie allait échoir. J'écrivis à cet homme, le priant de me permettre de renouveler mon billet. Cette humiliation fut inutile. Hier au soir me parvint sa réponse : un refus sec et formel. Je courus chez lui : je ne fus pas même reçu. Demain est le jour de l'échéance. J'ai passé ma journée à chercher un expédient, je n'en ai trouvé aucun. Je sacrifierai tout pour sauver l'honneur : l'usine sera vendue, le Bois-Rosé aussi. »

Il détourna la tête.

« Vendue, la maison qui abrite mes chers sou-

venirs! Il ne restera rien à mes enfants. Frédérique et son mari me pardonneront, je l'espère;
mais quel sera le sort de mon fils?

— Vous avez des amis, mon oncle. M. de Grévodan... »

M. Preslier tressaillit.

« Jamais! Ce serait l'entraîner dans ma ruine. »

Marcelle s'agenouilla près de lui, et lui baisant
les mains :

« Alors, mon bon oncle, je vous supplie de me
permettre d'agir.

— Toi! Que prétends-tu faire?

— Je veux... aller chez M. Mathizie. »

M. Preslier, stupéfait, considérait l'enfant timide,
qui, dans sa naïve ignorance, parlait d'affronter le
terrible usurier.

« Toi! répéta-t-il, ma pauvre Marcelle; mais tu
serais brutalement éconduite. Cet homme ne
connaît ni respect ni pitié.

— Je ne vous promets pas de réussir. Laissez-
moi essayer.

— Non, non, ce serait insensé!

— Pas autant que vous le croyez, » dit-elle.

Et comme il avait un geste d'impatience:

« Mon oncle, vous m'obligez à vous faire un
aveu.

— Lequel?

— Peut-être vais-je vous causer une nouvelle

peine. Pardonnez-moi. J'ai des raisons excellentes de supposer que je suis la nièce de M. Mathizie.

— Tu divagues, balbutia M. Preslier. Tu serais la nièce de... C'est impossible ! »

Elle baissa la tête avec humilité.

« Ce n'est pas ma faute. Je vous dirai plus tard... »

Il reprit :

« La nièce de Mathizie ! C'est donc pour cela que Corentine... »

Il passa la main sur son front. Ses idées s'embrouillaient. Qu'avait dit ou fait Corentine ?

« Pardonnez-moi ! redit Marcelle.

— Te pardonner ! Pauvre petite, tu n'es pas coupable. »

Il la serra dans ses bras.

« Tu es un ange, la sœur de mes enfants, la consolatrice de mon pauvre Henri. Je t'aime comme si j'étais ton père.

— Eh bien ! dit-elle résolument, si vous avez pour moi les sentiments d'un père, je réclame les droits d'une fille. Vous ne me les refuserez pas.

— Mais, bégaya-t-il, ébranlé, que veux-tu faire ?

— Aller à la Solitude. Mlle Hervé m'accompagnera.

— Ce soir ?

— Pourquoi attendrions-nous à demain ? Le bon Dieu m'assistera, ayez confiance. »

Il hocha douloureusement la tête, mais réellement il était moins accablé. Elle le quitta en lui recommandant de ne pas fermer sa porte et revint presque aussitôt, portant sur un plateau un bouillon fumant, flanqué d'un verre, d'un carafon et d'une assiette de gâteaux. A cette vue, il ébaucha un geste de dénégation, mais elle lui mit le bol entre les mains en disant :

« Pour Henri ! » avec un tel accent qu'il ne résista plus.

Et pendant qu'il trempait un biscuit dans un verre de malaga, Marcelle redescendit à la hâte. Henri, appuyé sur ses béquilles, se tenait sur le seuil de sa chambre.

« Tu l'as vu ? demanda-t-il, fixant sur elle ses yeux brillants de fièvre.

— Oui, répondit-elle à voix basse. Il s'agit d'un souci d'argent. »

Les traits contractés de l'enfant se détendirent.

« Ah ! murmura-t-il, ce n'était que cela ?

— Il se désole à cause de toi. Viens, ta présence lui fera du bien. »

Une minute plus tard, Henri était dans les bras de son père.

« Et c'est pour de l'argent que tu m'as fait tant souffrir ! disait-il, riant et pleurant à la fois.

— Mais, mon chéri...

— Oui, oui, je devine: tu t'affligeais précisément pour moi. Crois-tu que je tiens à la fortune? Est-ce que tu m'aimeras moins quand nous serons pauvres? Non, n'est-il pas vrai? Eh bien! c'est tout ce qu'il me faut pour être heureux. Je sais bien ce que tu penses; c'est que mon infirmité m'empêchera de gagner ma vie. Mais ce n'est pas sûr du tout. Il y a des choses que les infirmes peuvent faire. Je chercherai, j'ai déjà des idées, tu verras.

— Chère mademoiselle, disait pendant ce temps Marcelle à Mlle Hervé, soyez assez bonne pour m'accompagner sur-le-champ.

— Le temps est bien laid, fit l'institutrice en jetant un coup d'œil sur le ciel chargé de lourdes nuées. Nous n'irons pas loin, mon enfant.

— Nous irons à la Solitude, mademoiselle. »

La bonne fille la regarda avec des yeux arrondis.

« Vite, je vous en supplie, dit Marcelle. C'est une affaire pressante, je ne puis m'expliquer davantage. »

Mlle Clarisse ne fit aucune objection, et suivit son élève.

XIII

En passant sur la place du bourg, elles virent le vieux sacristain qui se dirigeait clopin clopant vers l'église.

« Entrons, dit Marcelle. Nous aurons, avant l'Angélus, au moins le temps de réciter un Avé pour implorer le secours de Dieu. »

L'ombre noyait la voûte du temple rustique. Le salut y avait été donné ce jour-là, et une vague odeur d'encens y flottait encore. Une vieille femme achevait son chapelet devant la balustrade qui fermait le chœur. Les nouvelles venues s'agenouillèrent derrière elle, et de leurs cœurs s'éleva une ardente supplication. Bien que Mlle Hervé ne sût rien du secret qui oppressait Marcelle, elle devinait son âpre souffrance, et de toute son âme unissait ses prières à celles de la jeune fille.

Les dernières vibrations de l'Angélus s'éteignirent; le sacristain, traînant son pas lourd sur le pavé, fit sonner son trousseau de clefs, et les trois femmes sortirent de l'église. A la porte, la vieille, — une protégée de Marcelle et d'Henri, —

fit une révérence aux dames du Bois-Rosé. La jeune fille lui glissa dans la main une petite pièce blanche en disant :

« Priez pour mon cousin. »

Puis, sans attendre les remerciements de la paysanne, elle pressa le pas. Le ciel devenait très sombre et de larges gouttes de pluie commençaient à tomber.

« Nous aurons certainement de l'orage, dit Mlle Clarisse.

— Si vous avez peur, chère mademoiselle, retournez à la maison, fit Marcelle ; j'irai seule.

— Où vous allez, je vais, ma chère enfant. Douteriez-vous de mon affection ?

— Dieu m'en garde ! mais je me reprocherais si vivement de vous avoir causé quelque peine !

— Ne parlons plus de cela, ma petite Marcelle. »

Elles se hâtaient sous la pluie qui tombait de plus en plus abondante. Déjà, elles avaient laissé le bourg derrière elles et suivaient d'étroits chemins tracés à travers les prairies.

Bientôt les éclairs zébrèrent les lourdes nuées, puis le tonnerre gronda sourdement. C'était un orage de printemps, peu dangereux, mais pénible à cause de la violence du vent. En dépit de leurs caoutchoucs et de leurs parapluies, les deux femmes étaient trempées quand elles atteignirent le but de leur voyage.

D'une main comprimant les battements tumultueux de son cœur, Marcelle fit de l'autre retentir le heurtoir de fer. Ce ne fut point la porte qui s'ouvrit, mais un judas par lequel une tête de femme examina les visiteuses. En reconnaissant Marcelle, une exclamation lui échappa ; le judas fut refermé, une clef grinça dans la serrure et Corentine, une lanterne à la main, fit entrer la jeune fille et l'institutrice dans l'obscur corridor.

« Est-ce mon maître que vous voulez voir ? dit-elle, se retournant après quelques pas.

— Il faut que je vous parle d'abord, Corentine ; répondit Marcelle.

— Indiquez-moi un endroit où je puisse attendre, » ajouta Mlle Clarisse, comprenant que son élève désirait un tête-à-tête avec la servante.

Celle-ci ouvrit une porte, et s'effaçant :

« Il n'y a pas de salon chez nous, mademoiselle, mais voici une chambre propre et bien close. Donnez-moi votre manteau, je le ferai sécher. »

Un instant après, Marcelle était introduite dans une cuisine qui avait dû être celle des moines. Un arbre entier eût été à l'aise dans l'immense cheminée de pierre que remplaçait actuellement un vulgaire fourneau. Ce gouffre béant ne servait plus qu'à faire pénétrer, pendant l'hiver, un froid mortel dans cette vaste pièce insuffisamment

chauffée. Dans la belle saison, la cuisine de la
Solitude, fraîche et humide, éclairée par deux
fenêtres ouvrant sur un jardin potager, devenait un
séjour quasi agréable.

« Que me chantes-tu là? Tu es à mon service, n'est-ce pas? »

Marcelle s'assit dans une embrasure, en face
d'un carré de carottes. Corentine resta debout.

« Un seul mot, dit la jeune fille. J'ai besoin de
la vérité. Existe-t-il un lien quelconque entre
M. Mathizie et moi? »

La physionomie de Corentine revêtit une expression presque solennelle.

« Sur mon âme, mademoiselle, vous êtes la

7*

propre petite-nièce de mon maître, fille de l'u-
nique fils de sa sœur. »

C'était donc vrai. Une flamme de honte monta
aux joues de Marcelle, mais elle n'était pas venue
pour s'occuper de ce qui la concernait personnellement ; elle avait mieux à faire.

« Plus tard, dit-elle, je vous demanderai sur ce
point les éclaircissements qui me sont nécessaires.
Aujourd'hui, je veux parler à M. Mathizie.

— Il est malade, mademoiselle : depuis quelques
jours il a des crises. Mais vous le verrez tout de
même.

— Corentine ! » appela l'Ermite.

La Bretonne quitta la cuisine, et Marcelle entendit un bref dialogue.

« Qui est là ?

— C'est Mlle Marcelle Le Blézec, monsieur. Elle
vous demande. »

Il y eut un silence. Était-ce la suprise qui le
causait ?

« Elle me demande ? Je m'en moque, reprit
M. Mathizie avec emportement. Pourquoi l'as-tu
reçue ? Je te défends de causer avec elle.
Chasse-la.

— Moi, chasser la fille de M. Marcel, la petite-
fille de ma bonne maîtresse ! Mais leurs âmes
tressailliraient d'indignation contre Corentine !

— Que me chantes-tu là ? Tu es à mon service,

n'est-ce pas? c'est moi qui te paye et tu vas m'obéir, sinon... »

Il fut interrompu par une voix doucement résolue :

« Mon oncle, je dois vous parler ce soir même. Veuillez m'entendre. »

Marcelle, les joues empourprées, les cheveux dénoués sous son petit chapeau par la rapidité de sa course, se dressait devant lui. Elle s'était débarrassée de son manteau ruisselant, et elle apparaissait dans sa robe claire, sous le rayon blafard de la lanterne, comme une vision surnaturelle.

Et ce mot inattendu : « Mon oncle, » l'accent de Marcelle, sa vue soudaine le stupéfièrent tellement qu'il ne trouva pas une parole et que, la voyant s'avancer, il rétrograda machinalement vers sa chambre, lui montrant ainsi le chemin. Machinalement aussi, il referma la porte et du doigt indiqua un siège à la visiteuse. Mais en la voyant de plus près avec sa taille menue, sa figure d'enfant, ses lèvres pâlies, le tremblement léger qui agitait son corps, il redevint subitement insolent et brutal.

« De quel droit forcez-vous ma porte? commença-t-il de son ton le plus rogue. L'usage veut-il maintenant que l'on pénètre chez les gens malgré eux? Vous me permettrez, mademoiselle, de trouver pour ma part cette conduite assez étrange. »

Mais l'enfant, qui tremblait tout à l'heure, avait déjà repris possession de tout son courage. Sa voix s'éleva, tranquille, mesurée et si douce que le méchant cœur qui l'écoutait tressaillit malgré lui.

« Mon oncle, vous ne pouvez ignorer qu'un lien sacré nous unit; je vous demande pardon de ma hardiesse, mais je ne saurais m'en repentir. Prêtez-moi votre attention pendant quelques minutes; je vais droit au but. Vous êtes possesseur d'un effet signé de mon tuteur et échéant demain. Je viens vous prier de ne pas le faire présenter.

— En vérité! ricana M. Mathizie. Daignerez-vous, mademoiselle, ou ma nièce, — à votre choix, — m'apprendre quels motifs pourraient bien me déterminer à céder à votre caprice?

— Caprice est un terme impropre. J'ose espérer que vous agirez en galant homme à l'égard d'un honorable industriel réduit par des embarras passagers...

— Épargnez-moi le tableau plus ou moins pathétique d'une situation que je connais mieux que vous. Me prenez-vous pour un enfant? croyez-vous que j'ai agi à l'étourdie en prêtant à M. Preslier une somme considérable? une somme qui m'a coûté beaucoup de peines et de fatigues, car je ne suis pas né dans l'opulence: les si exactes informations que vous avez recueillies sur votre famille paternelle ont dû vous l'apprendre. Vous faites un geste de dénégation... les renseignements de Corentine étaient incomplets? Je sais bien que c'est elle qui vous les a fournis, mais elle payera cher son indiscrétion, la vipère! Passons. Je vous disais donc que j'ai gagné ma fortune à la sueur de mon front. Elle est à moi, et je ne suis pas disposé à me la laisser extorquer par le premier venu. Ce serait charmant! Les uns travailleraient toute leur vie pour fournir de l'argent aux autres, les prodigues, qui le gaspillent dans leur incurie et leur folle négligence! Voilà ce qu'a fait votre tuteur. Et vous me croyez obligé d'en porter la peine? Il me faudrait lui faire cadeau de trente mille francs! La demande est des plus naturelles. Comment n'avais-je pas songé à cette solution! Ha! ha! ha! c'est tout à fait amusant. »

Le rire du vieillard ressemblait au grincement d'une crécelle. Marcelle eut envie de s'enfuir en se bouchant les oreilles; mais elle triompha promptement de cette tentation. Elle était venue pour combattre: elle ne devait pas à la première attaque de l'ennemi déserter le champ de bataille.

« Ne déplaçons pas la question, dit-elle avec fermeté. Ce n'est point une aumône que j'implore, c'est un délai. Permettez seulement que le billet soit renouvelé. Vous ne voudriez pas perdre un honnête homme qui ne vous a jamais fait de mal. Cette mauvaise action empoisonnerait votre vie. »

Mathizie tressaillit. Était-ce une allusion? Non, l'enfant n'avait pas fouillé son ténébreux passé; l'ignorance se lisait dans ce regard limpide.

« Je ne puis attendre, dit-il sèchement.

— Vous voulez donc la ruine de mon tuteur?

— Peut-être (et les yeux de l'usurier brillèrent d'un feu qu'on pouvait appeler satanique). Après tout, je ne gagnerais rien à dissimuler. Vous disiez tout à l'heure que M. Preslier ne m'a jamais fait de mal; mais n'a-t-il pas fait le possible pour m'empêcher d'acquérir la Solitude? et depuis, de quels dédains ne m'a-t-il pas écrasé? Croyait-il donc que j'étais aveugle ou idiot? Eh bien! il apprendra qu'on ne m'offense point impunément. La vengeance se présente, je la tiens, et j'entends la savourer tout entière. C'est le plaisir des dieux, c'est aussi celui de Lucien Mathizie. »

Marcelle l'écoutait avec horreur. Oh! cet homme, ce monstre qui était de sa famille!...

Pourtant, après un élan de son âme vers le Dieu qui peut changer les volontés les plus rebelles, elle eut le courage de faire un dernier effort.

« Non, dit-elle, se redressant tout à coup et prenant entre ses mains tremblantes la rude main de l'usurier, qui la retira brusquement, non, je ne veux pas penser que vous serez impitoyable. Mon

oncle, je suis venue à vous avec une grande confiance, parce que celui pour lequel je voulais vous
implorer m'a aimée, protégée comme si j'eusse été
son enfant. Une fois déjà, vous en souvient-il?
vous avez écouté favorablement ma prière. J'étais
alors une petite fille, et il s'agissait d'un chien.
Soyez bon comme ce jour-là. Ne vous montrez pas
plus cruel envers mon tuteur que vous ne le fûtes
à l'égard d'un animal. Au nom de mon aïeule,
votre sœur, au nom de mon père, que vous n'avez
pu tout à fait oublier, oh! laissez-vous fléchir.
Mon oncle, ayez pitié... »

Elle s'était agenouillée et levait sur lui ses yeux
baignés de larmes. Son âme vibrait dans sa voix
suppliante. Le rude vieillard ne serait-il pas enfin
touché de sa douleur?

Était-ce l'attendrissement qui contractait ainsi
les traits de M. Mathizie? Non, c'était plutôt une
rage grandissante, intense, débordante. Ses yeux,
injectés de sang, lançaient de fauves éclairs, ses
joues prenaient une teinte violacée, la fureur tor-
dait sa bouche. Il devenait hideux.

« Ah! gronda-t-il, tu es tenace, tu ne te rebutes
pas, tu me parles des morts afin de m'amollir.
Insensée! Ils n'ont jamais possédé une parcelle de
mon affection. Ma sœur! je la détestais. Elle était
belle et j'étais laid, tout jeune, laid comme un kor-
rigan de nos légendes. Elle avait fait un riche ma-

riage, et j'avais pour toute fortune les ressources de mon esprit, heureusement fertile et retors. Quant à Marcel, ce père dont il te semblait que le nom allait t'ouvrir tout grand mon coffre-fort, sache qu'il m'avait, lui aussi, mortellement offensé. Ah! tu arrivais triomphante! tu croyais n'avoir qu'un mot à dire pour m'amener à composition; mais le vieux Mathizie est plus rusé que toi, il ne se laisse pas prendre à ton doucereux langage et à tes larmes hypocrites. Tu n'as pas le sou, et tu trouverais commode de pêcher dans la bourse du grand-oncle. Voilà le vrai motif de la comédie sentimentale que tu as jouée ce soir. »

Ses doigts crispés s'accrochaient aux épaules de la jeune fille, qu'il secouait violemment. Mais elle se dégagea de son étreinte avec une singulière vigueur, et, se redressant, une flamme de fierté blessée dans son doux regard :

« Je vous plains, dit-elle, vous qui ne croyez plus à un noble sentiment. Adieu, monsieur, je ne supporterai pas plus longtemps vos insultes. J'aurais pu vous aimer... Vous voulez être un étranger pour moi. Soit! J'essayerai de ne me souvenir de vous que devant Dieu. »

Elle marcha vers la porte. Une plainte sourde lui fit tourner la tête. Renversé sur son siège, l'œil hagard, une écume sanguinolente aux lèvres, le vieillard haletait.

Incapable de maîtriser l'élan de son cœur généreux, elle revint précipitamment à lui.

« Vous êtes malade, dit-elle. Que puis-je pour
vous? dois-je appeler Corentine? »

Il fit signe que non et bégaya :

« De l'air! »

Elle ouvrit la fenêtre, et soutint la tête de M. Mathizie, qui oscillait sur le dossier de la chaise. Un
verre d'eau était sur la table. Il le demanda d'un
geste, et doucement elle lui en fit avaler quelques
gouttes. L'oppression diminuait. Marcelle demanda :

« Souffrez-vous moins? voulez-vous autre
chose?

— Non, articula-t-il, va-t'en. »

Lentement elle obéit. Avant d'ouvrir la porte,
elle se retourna encore. Il la suivait d'un regard
étrange. Elle sortit.

Sur le seuil de la cuisine, Corentine l'attendait.

« Répondez-moi, mon enfant, dit-elle à voix
basse; assurément vous êtes venue lui demander
quelque chose. Vous l'a-t-il accordé?

— Non, Corentine. Je ne reviendrai plus ici. »

La servante leva les mains au ciel.

« Il a osé vous rebuter, vous, la fille de Marcel?
Mon Dieu, mon Dieu, n'y aura-t-il donc pour lui
aucune miséricorde?

— Espérons que si, Corentine. Veillez sur lui,

il a eu une crise devant moi... Adieu, priez pour nous. »

Elle serra la main de la Bretonne et quitta la Solitude. Mlle Hervé la rejoignit à la porte. Au dehors, l'obscurité était complète. La pluie avait cessé, mais les chemins ravinés rendaient la marche très pénible. Les voyageuses, enfonçant leurs bottines dans les flaques d'eau qu'elles ne voyaient pas, s'embarrassant dans de grandes herbes mouillées, n'avançaient qu'avec lenteur. Neuf heures étaient sonnées lorsqu'elles arrivèrent à Chambrun. Sur la place de l'église, elles entrevirent une grande ombre qui se dirigeait de leur côté. Mlle Clarisse, toujours craintive, faillit jeter un cri d'effroi; mais Marcelle, qui avait reconnu la taille et la tournure de son oncle, courut à lui.

« Vous voilà enfin! dit-il. J'étais mortellement inquiet. Comme vous êtes mouillées! »

Et passant son bras sous celui de sa nièce :

« Pauvre petite, tu frissonnes. Ce n'est pas de froid?

— Non, mon oncle.

— Tu n'as pas réussi. Va, je m'y attendais.

— Cher oncle, murmura-t-elle avec ferveur, le bon Dieu vous reste. Il vous soutiendra.

— Sois tranquille, dit-il; mes enfants m'ont appris le courage. Mademoiselle, vous accompagniez Marcelle, vous savez tout sans doute?

— Je ne lui ai rien dit, balbutia la jeune fille. Ce n'était pas mon secret.

— N'appelle pas secret ce qui sera bientôt connu de tout le monde. Du moins je veux, mademoiselle, que vous l'appreniez de ma propre bouche. Ma ruine est consommée, je ne possède plus rien, on vendra l'usine et le Bois-Rosé. Ce soir, ma chère petite Marcelle a bravement, mais inutilement tenté de me soustraire au coup qui me menace. Voilà la vérité. Je vous la devais, mademoiselle, car vous êtes des nôtres. »

Un cri du cœur lui répondit :

« Monsieur, prenez mes économies. Elles sont à vous. Oh ! prenez-les, je vous en conjure. »

La main de M. Preslier chercha dans l'ombre celle de l'excellente fille.

« Merci, chère mademoiselle, merci.

— Vous acceptez ? dit-elle joyeusement.

— Je refuse. Vous vous dépouilleriez sans me sauver. N'insistez pas, mais croyez que je ne perdrai jamais le souvenir de votre proposition si délicatement généreuse. »

XIV

Le lendemain trouva le Bois-Rosé étonnamment tranquille.

Fortifié par l'énergie et l'affection de son entourage, M. Preslier envisageait de sang-froid une situation qui ne lui paraissait plus si terrible. Après avoir écrit à Frédérique, il employa le reste de la matinée à revoir ses calculs de la veille, et il acquit la certitude que la vente de ses propriétés, non seulement couvrirait le passif, mais lui permettrait de conserver un petit capital.

Le fameux billet ne lui avait point encore été présenté. Pendant le déjeuner, Henri entama le chapitre des projets avec un entrain qui arracha plus d'un sourire à son père.

« Vois-tu? papa, si tu prenais une ferme, ça ferait joliment mon affaire. Tu aurais de grands troupeaux, et c'est moi qui serais le berger.

— Comment défendrais-tu tes brebis contre les loups? questionna Marcelle.

— Belle demande! J'aurais un chien, pas Ralph, par exemple, il n'y entendrait rien, mais un gros chien laid, avec des crocs formidables. Les loups n'oseraient approcher.

— Nous serions bien rassurés, si tu étais seul avec un troupeau et un chien au milieu des champs, mon pauvre petit! dit Mme Brigitte, haussant les épaules.

— Vraiment vous seriez inquiète, tante? et peut-être aussi papa. N'en parlons plus. Après tout, je ne tiens pas à la ferme. Papa serait trop fatigué s'il lui fallait conduire la charrue, et Marcelle ne pourrait pas moissonner ou faner toute la journée. J'ai une autre idée: Mademoiselle dit que je dessine très bien, je peins aussi, je puis faire de petits ouvrages. On assure que ça se vend cher. Pour cela, mieux vaudrait demeurer à la ville. Je pourrais encore donner des leçons, commencer des petits enfants.

— Vous êtes trop jeune, dit Mlle Hervé.

— Trop jeune! Oh! mademoiselle, j'ai l'air sé-rieux. Mais il faudrait une grande ville, père; c'est là seulement qu'on trouve beaucoup d'élèves.

— Oui, il faudrait une grande ville, répéta pen-sivement M. Preslier. Je chercherai un emploi. Mes amis m'aideront de leur crédit... M. de Grévo-dan a de l'influence.

— Bonne résolution, Alfred, dit tante Brigitte. Dieu sait pourtant qu'il m'en coûtera de te voir condamné à occuper un emploi subalterne. Que n'ai-je quelque fortune! Je n'avais jamais pensé que la pauvreté pût être si pénible.

— Ne vous désolez pas, cousine. Il me sera doux dans mon malheur de devoir à mon seul travail les ressources nécessaires à la famille. Je ne vous demande pas si vous nous suivrez là où Dieu nous conduira. Plus que jamais, je devrai recourir à votre dévouement.

— Il t'est acquis, mon ami. Mais tu parles de la sorte par pure générosité. Marcelle est heureusement très capable de me remplacer. »

Marcelle se récria.

« Ne disputons pas, dit M. Preslier. Je ne puis me passer ni de ma bonne cousine ni de ma chère fille.

— Ni, j'espère, de la vieille institutrice, ajouta Mlle Clarisse.

— Que voulez-vous dire, chère mademoiselle? Nous comprenons, hélas! combien il est juste que vous cherchiez dans une plus heureuse famille une rémunération digne de vos talents et...

— Assez, monsieur, interrompit Mlle Hervé avec une vivacité qu'on ne lui avait jamais connue. Vous m'avez dit hier : « Vous êtes des nôtres. » Voici le moment de le prouver. Ces enfants ont besoin de moi : Marcelle n'a pas encore son brevet, et je puis guider les études d'Henri, au moins dans une certaine mesure.

— Mais, mademoiselle...

— Il n'y a pas de mais. Si vous refusez, je croirai que l'amour-propre étouffe en vous les sentiments paternels. »

M. Preslier lui serra la main.

« Comme vous y allez, mademoiselle! Faisons la paix et recevez l'expression de ma vive reconnaissance. Nous reparlerons de tout cela. »

Au moment où l'on quittait la table, Vincent annonça M. de Grévodan et le docteur Lanty.

Le propriétaire de la Couronne présenta son cousin, un homme brun, maigre et long, qui avait pris aux habitants du nouveau monde quelque chose de leur sans-gêne et de leur indépendance d'allures.

Tout en secouant la main que lui tendait M. Preslier, il enveloppa Henri de son regard perçant.

Pendant un quart d'heure, la conversation effleura divers sujets, dont aucun, au grand étonnement de Marcelle, ne se rapportait à l'infirmité du jeune garçon. Soudain le docteur pria M. Preslier de lui montrer les jardins et le bois. Tout le monde se leva, à l'exception d'Henri; mais Philippe Lanty, posant la main sur l'épaule du garçonnet, lui dit :

« Venez aussi, mon petit ami.

— Je marche trop lentement pour vous suivre,

monsieur, répondit l'enfant, dont un flot de rouge couvrit les joues.

— Nous règlerons notre marche sur la vôtre. Cette promenade vous sera salutaire. Souvenez-vous que je suis médecin. »

Il lui donna ses béquilles et le fit passer devant lui.

Ces façons un peu incorrectes étonnaient M. Preslier; mais le cœur de Marcelle battait avec violence. Son espoir renaissait. Elle se plaça près d'Henri, qui s'efforçait de hâter le pas pendant que le docteur, ralentissant le sien et s'arrêtant fréquemment, retenait ses compagnons en arrière, et, tout en causant, ne perdait pas un seul des mouvements du petit garçon.

Dans sa précipitation, celui-ci heurta du pied une grosse pierre qui faillit le faire tomber. Prompt comme la pensée, Philippe Lanty le retint dans ses bras. Puis, brusquement, ses mains s'abaissèrent et serrèrent avec force les jambes d'Henri, qui ne put retenir un cri de douleur.

« Je vous ai fait mal, » dit froidement le docteur.

Il se tourna vers M. Preslier qui, les sourcils froncés, semblait prêt à laisser échapper l'expression de son mécontentement, et du ton bref de l'homme auquel les circonlocutions sont inconnues :

« Monsieur, dit-il, souhaitez-vous que cet enfant marche?

— Qu'il marche? bégaya M. Preslier.

— J'entends à peu près comme les autres (il lui restera certainement une légère claudication); mais enfin qu'il laisse là ses béquilles et puisse, un jour venant, exercer une profession honorable, être utile à la société, faire œuvre d'homme enfin.

— Ce serait... possible? » dit le pauvre père.

Un éblouissement passa devant ses yeux, il chancela comme s'il eût été ivre. M. de Grévodan prit son bras.

« Certes, mon cher, c'est possible, puisque Philippe l'affirme. On ne prononce pas de telles paroles à la légère.

— Non, dit gravement le docteur. Je suis prêt à entreprendre cette cure. Vous devrez subir une opération douloureuse, mon petit ami, continua-t-il en s'adressant à Henri. Puis le traitement sera long : huit à dix mois, un an peut-être. Vous sentez-vous le courage indispensable?

— Oui, monsieur, » répondit l'enfant d'une voix vibrante, tandis que son père serrait à la briser la main de Philippe Lanty.

Quelle perspective! Toutes les amertumes, toutes les douleurs de l'inévitable ruine disparaissaient en présence de ce bonheur inattendu.

L'après-midi s'avançait, et nul ne s'était encore

présenté au nom de M. Mathizie. Il y avait des moments où Marcelle se surprenait à espérer... quoi? elle n'en savait rien; mais depuis la visite du docteur l'avenir lui semblait moins sombre.

Soudain un coup de sonnette à la grille. C'est un petit paysan qui demande Mlle Marcelle.

« Mlle Corentine m'envoie, » dit-il en remettant à la jeune fille une enveloppe que l'adresse, tracée en gros caractères, couvre d'un bout à l'autre.

Cette courte missive est ainsi conçue :

« Mademoiselle,

« Mon maître est mourant; il vous a appelée. Pour l'amour de Dieu, venez!

« CORENTINE. »

Marcelle tendit la lettre ouverte à son tuteur.

« Que veux-tu faire, mon enfant? demanda-t-il.

— Partir, si vous me le permettez, mon oncle. Ce vieillard est mon parent et il va mourir.

— Agis selon ton désir, chère fille, » dit M. Preslier.

Elle mit son chapeau et suivit le petit garçon, qui, chemin faisant, babilla sans se faire prier. Elle apprit ainsi qu'au milieu de la nuit Corentine était allée éveiller ses plus proches voisins, lesquels demeuraient bien à un demi-kilomètre de la Solitude, pour les envoyer chercher le médecin de

Chambrun. Il lui avait fallu parlementer longtemps et donner une bonne pièce au commissionnaire, personne ne se souciant de se déranger pour Mathizie.

« Il n'en reviendra pas, le médecin l'a dit. Ça ne sera pas une grosse perte pour le pays, conclut philosophiquement le gamin. Savez-vous, mademoiselle? les Petit et les Maudon allumeront un grand feu de joie quand il sera mort. »

Cette dernière phrase fit sursauter Marcelle. Elle entreprit de démontrer à son jeune compagnon que le bon Dieu défend de se réjouir de la mort du prochain.

« D'un autre prochain, je ne dis pas, mademoiselle; mais celui-ci est si mauvais, » objectait l'enfant, que les raisonnements de Marcelle eurent beaucoup de peine à convaincre.

<hr>

XV

La Solitude avait son aspect ordinaire. Corentine congédia le messager en lui mettant une petite pièce d'argent dans la main, et mena silencieusement Marcelle dans la chambre de M. Mathizie.

Les volets étaient ouverts, et la lumière crue, tombant sur le lit, faisait paraître plus défaite la face jaune qui s'enlevait sur la blancheur des oreillers, au-dessous du rideau de damas fané.

Quel changement depuis la veille! Marcelle s'avança sur la pointe du pied, et, touchée de compassion pour celui qui jamais n'avait eu un mouvement de pitié, elle sentit une larme monter à ses paupières.

Le vieillard respirait péniblement. Elle s'agenouilla, murmurant une prière. Au moment où elle se relevait, M. Mathizie la regarda. Elle fut effrayée de ce regard fixe, angoissé, douloureux.

Il murmura :

« Tu es revenue?

— Ma place est ici puisque vous souffrez, mon oncle, dit-elle. Voulez-vous me chasser? »

Il ne répondit pas, sa main s'agita et une expression de terreur passa dans ses yeux. Elle se pencha vers lui, et il lui sembla entendre son nom :

« Marcelle!

— Je suis là, mon oncle, » dit-elle.

Mais il redit :

« Marcel... il ne reviendra pas... »

Elle comprit que c'était son père qu'il appelait. Une inspiration lui fut donnée.

« Je le remplace, fit-elle. Dites-moi ce que vous auriez souhaité lui dire.

— Tu le remplaces, oui. Je te dirai... mais... »

Une sueur froide inonda son front, sa bouche se tordit, il se souleva

« De l'air... j'étouffe!

— Une crise! » dit Corentine.

Elle le soutint d'un bras vigoureux, pendant que Marcelle écartait les rideaux afin qu'il pût respirer plus facilement, et, sur les indications de la Bretonne, lui donnait une cuillerée d'une potion calmante. La crise s'apaisa bientôt. M. Mathizie retomba sur ses oreillers.

« Je... je vais mourir, bégaya-t-il. J'ai peur.

— Peur du jugement, n'est-ce pas, mon maître? dit Corentine. Mais le bon Dieu est miséricordieux, je vous le disais cette nuit. Il vous pardonnera si vous le voulez, et vous le voulez certainement. Le fils de celle qu'à Lorient on appelait la sainte ne peut pas faire une mauvaise mort. Elle vous aimait bien, monsieur Lucien. Vous en souvenez-vous? Sa dernière pensée a été pour votre âme; et à cette heure encore, dans le paradis où elle est, elle demande votre salut éternel. Vous ne refuserez pas de l'y rejoindre, monsieur Lucien, mon cher maître. »

Il y avait quelque chose de touchant, de saisissant même, dans la simplicité de ce langage, dans la foi ardente qui faisait vibrer la voix de Corentine dans cette appellation familière : **monsieur Lucien**, que la servante avait donnée jadis à son jeune maître et qu’elle retrouvait au dernier jour. Marcelle crut voir une larme sourdre dans l’œil desséché du mourant. Elle n’osait joindre ses instances à celles de la Bretonne, elle craignait de détruire l’effet de cette naïve éloquence; mais le regard de M. Mathizie chercha le sien, et il dit :

« Ma mère m’avait fait jurer...

— D’aimer, de protéger Marcel, acheva Corentine. Vous avez failli à votre serment, monsieur; mais Marcel vous pardonne, puisque sa fille est ici.

— O mon oncle, si vous croyez avoir besoin du pardon de mon cher père, je vous l’apporte, dit la jeune fille.

— Attends, fit-il d’une voix plus nette. Corentine ne t’a pas appris...

— J’en sais assez, mon oncle. Ne pensez plus qu’à Dieu.

— Il y pense, dit Corentine. N’est-il pas vrai, mon maître? M. le curé est déjà venu, il va revenir.

— Non, non, ce n’est pas la peine. J’ai peur de Dieu;... il me punira.

— Ne parlez pas ainsi, mon oncle, s’écria Marcelle. Dieu est plein de miséricorde et de pitié. Son sang répandu pour vous plaide votre cause au tribunal de sa justice, son cœur est ouvert pour vous recevoir. Oh! si vous saviez à quel point il vous aime, avec quelle joie il accueille l'enfant prodigue, et combien généreusement il paye l'ouvrier de la dernière heure! Son ministre vous le dira : Il est tout pardon, tout amour. »

Elle parlait avec feu, et l'émotion mettait dans son œil bleu des perles brillantes. Le vieillard la regardait.

« Parle encore, dit-il, tu me fais du bien. »

A ce moment le heurtoir résonna. Corentine alla ouvrir et introduisit le curé de Chambrun. M. Mathizie frissonna de la tête aux pieds; mais le prêtre se courba vers lui avec tant de sollicitude, il lui parla si doucement, que les frayeurs du mourant semblèrent se calmer un peu.

« Va, dit-il à Corentine, et qu'elle sache tout, tout. Je le veux. »

Marcelle sait tout. Corentine a levé pour elle les voiles du passé.

Veuve d'un modeste employé, Mme Mathizie avait dû faire des prodiges d'économie pour élever convenablement ses deux enfants. D'un côté au moins, le succès couronna ses efforts. A vingt ans sa fille épousa un riche propriétaire, son ami d'enfance, assez sage pour préférer à une grosse dot les attachantes qualités dont Yvonne était douée.

Cette heureuse union ne dura que peu d'années.

Une fièvre infectieuse emporta presque en même temps M. et Mme Le Blézec, et leur unique enfant, le petit Marcel, fut confié aux soins de son aïeule.

Celle-ci avait une jeune servante, arrachée par elle à la plus affreuse misère. Ame ardente et énergique, pressée du besoin de se dépenser, de se dévouer sans mesure pour témoigner sa gratitude, Corentine avait voué à sa maîtresse une de ces affections qui résistent à toutes les épreuves, même à celle du tombeau. Comme la grand'mère, elle chérit et choya l'orphelin, et elle fut la confidente des angoisses qui oppressaient douloureusement le cœur de Mme Mathizie.

Celui qui les causait n'était autre que son fils.

Comment, avec une telle mère, Lucien Mathizie était-il devenu l'être bassement cupide, haineux, dépourvu de scrupules que Lorient avait sous les yeux ?

Mystère de perversité !

Dévoré de la soif des biens terrestres qu'il n'avait pas trouvés dans son berceau, Lucien joignait, disait-on, à ses appointements d'employé les bénéfices que lui fournissaient diverses opérations plus ou moins licites, mais toutes fructueuses, qui faisaient gémir sa mère ; mais Lucien fermait l'oreille aux gémissements maternels. Il voulait être riche, et tout ce qui entravait son ambition était impitoyablement écarté de son chemin.

Il avait été jaloux de sa sœur, il l'était de son neveu
et ne prenait pas la peine de dissimuler ses sentiments.

« Je m'en vais, dit-il, et ne reviendrai plus. Veux-tu venir avec moi ? »

« Quand je ne serai plus là, l'enfant n'aura que
toi, » disait Mme Mathizie à Corentine.

Et la servante répondait :

« Soyez tranquille, madame, je veillerai. »

8*

Les pressentiments de l'aïeule se réalisèrent. Après sa mort, Marcel ne trouva chez son oncle qu'injustice et tyrannie. Privé de toute liberté, se voyant refuser les plaisirs les plus innocents et les moins coûteux, n'ayant ni amis, ni foyer familial, il eût été le plus malheureux des enfants sans la présence de Corentine. Corentine le consolait, l'égayait, le défendait au besoin avec sa vaillance de chrétienne et sa finesse de femme, et déjà elle savait imposer à son maître une sorte de déférence.

A la fin de ses études, faites dans un établissement de second ordre où tous ses instincts délicats avaient été froissés, Marcel échappa par un engagement au joug insupportable de son oncle et ne reparut à Lorient qu'à l'heure qui sonnait sa majorité. Alors M. Mathizie dut présenter ses comptes de tutelle. Alors aussi, Marcel constata avec stupeur qu'une brèche énorme et absolument inexplicable avait été faite à son patrimoine.

Après une scène pénible avec son oncle, il alla trouver Corentine.

« Je m'en vais, dit-il, et ne reviendrai plus. Veux-tu venir avec moi ? »

Elle pâlit à cette proposition, et joignant les mains:

« Non, mon bien cher enfant. Je dois rester ici. »

Marcel n'insista pas.

« Adieu donc, » dit-il, embrassant la fidèle servante sans chercher à retenir ses larmes.

Ils ne se revirent plus.

A cette époque Mathizie avait considérablement élargi le cercle de ses opérations financières, côtoyant, mais ne franchissant jamais la limite au delà de laquelle on tombe sous la vindicte des lois. Il n'avait pas pardonné à son neveu le mépris dont ce dernier l'avait accablé. Un jour vint, où le hasard propice lui livra l'homme auquel le jeune officier avait confié le reste de sa fortune. Lucien Mathizie pouvait à son gré perdre ou sauver Marcel. Il le perdit.

Cette affaire eut un certain retentissement. Le nom de Mathizie fut prononcé, la ville entière s'émut. Objet de la réprobation universelle dans un milieu où ses parents avaient été honorés de l'estime de tous, craignant pour sa sécurité personnelle, il se décida enfin à quitter Lorient et la Bretagne, et vint se fixer à la Solitude pour y jouir, disait-il, des biens péniblement acquis; mais en réalité il ne changea rien à ses habitudes et continua ce qu'il nommait son *petit commerce* jusqu'à ce moment où la mort venait le saisir.

« Corentine, dit Marcelle en serrant les mains de la Bretonne, pourquoi avez-vous refusé de suivre mon père que vous aimiez? Pourquoi êtes-vous restée près de mon oncle?

— Dieu le voulait, mon enfant, et ma chère maîtresse aussi. Sa dernière parole fut: « Coren- « tine, je te confie Marcel, mais Lucien surtout... « *son âme.* » Elle appuya sur ce mot. Je savais bien que, pour elle, l'âme de son fils était au-dessus de tout bien terrestre. Quand M. Marcel m'a dit: « Viens, » mon cœur a saigné, mais je n'ai pas hésité. J'étais sûre qu'avec moi, monsieur ne mourrait pas en réprouvé, parce que ma maîtresse me soutient et me guide. Je ne la vois pas, mais elle est là. »

Et cette simple assurance impressionna Marcelle. Elle crut sentir passer dans un souffle l'âme de sa bisaïeule.

Le prêtre entr'ouvrit la porte.

« Venez, dit-il, M. Mathizie vous demande. »

Les deux femmes furent frappées du calme étrange de cette physionomie qui exprimait tout à l'heure une si anxieuse épouvante.

Il fit cependant un geste de confusion, quand ses yeux rencontrèrent ceux de Marcelle, mais elle s'inclina vers lui et dit:

« A présent, cher oncle, vous me permettrez bien de vous aimer? »

Il poussa un soupir de soulagement.

« Tu es bonne, dit-il. Marcel aussi était bon. »

Sur l'invitation du curé, Corentine disposa sur

une table tout ce qui était nécessaire pour administrer les derniers sacrements.

Lorsque l'huile sainte eut coulé sur ses membres, M. Mathizie retint d'un geste l'ecclésiastique qui faisait mine de se retirer, et appelant Marcelle:

« Écoutez-moi, dit-il. Je me repens de mes fautes, j'espère que Dieu aura pitié de moi, mais vous avez dit, monsieur le curé: « Il faut réparer, « restituer. » C'est la perte de presque tout ce que je possède. »

Ses traits se contractèrent douloureusement. Même à sa dernière heure, son cœur se cramponnait désespérément à cet or auquel il avait tout sacrifié.

« Du courage! » dit le prêtre.

Le mourant fit un effort et reprit:

« Sais-tu, Marcelle, qu'il te restera peu de chose?

— O mon oncle, qu'il ne me reste rien. Rendez tout.

— Tu n'es pas seule. Ton frère?

— Raoul penserait, parlerait comme moi, mon oncle. Je le connais bien.

— Écoute encore. Restituer, cela paraît très simple. En réalité, c'est long et difficile. Si vous étiez majeurs, je vous laisserais tout à faire. Le temps me manque...

— Ne vous tourmentez pas, dit le curé. Dieu vous tiendra compte de votre bon désir.

— Oui, mais il faut faire le possible. Monsieur le curé, conseillez-moi. »

L'ecclésiastique se tut. Une grande perplexité se peignait sur son visage ; la sueur perlait aux tempes du mourant. Marcelle, haletante, cherchait en vain le moyen de le soulager ; son esprit surexcité demeurait absolument stérile.

Soudain, M. Mathizie eut un cri de joie :

« Corentine ! »

La Bretonne s'approcha.

« Corentine, c'est toi qui me sauveras. Tu as tant fait déjà... tu ne laisseras pas ton œuvre inachevée.

— Je suis prête à tout, monsieur.

— C'est bien. Envoie chercher le notaire. »

Quand le soleil rougeoyant s'inclina derrière les collines, une main dans la main de Marcelle, les lèvres collées sur le crucifix qui avait reçu le suprême baiser de sa mère, Lucien Mathizie rendit paisiblement son âme à Dieu.

On l'enterra le surlendemain. Les habitants de Chambrun furent stupéfaits en voyant Raoul Le Blézec, dans son uniforme de polytechnicien, prendre la tête du cortège funèbre que suivaient tous les membres de la famille Preslier.

Le testament fut ouvert à la maison mortuaire. Il contenait ces seuls mots :

Je lègue tous mes biens meubles et immeubles à ma servante Corentine Herdren. »

Le notaire se tourna vers celle-ci et demanda :
« Acceptez-vous ce legs ?

— Je l'accepte, » répondit simplement la Bretonne.

XVI

Un an s'est écoulé. On célèbre, dans l'église de Chambrun, un service pour l'âme de Lucien Mathizie.

Plusieurs de nos amis y assistent. M. Preslier a repris sa physionomie ouverte et joviale, nuancée de gravité pour la circonstance. A sa droite, Marcelle s'absorbe dans une fervente prière; à sa gauche est Henri, mais près de lui on ne voit plus ses béquilles. A l'Évangile il se tient debout comme le reste de l'assistance, et en sortant de l'église il marche d'un pas vif et assuré en dépit de la très légère inégalité qui subsiste entre ses deux jambes.

Dieu a fait ce miracle. L'opération tentée par le docteur Lanty a parfaitement réussi; le traitement énergique auquel il a soumis son jeune malade a eu le plus heureux résultat. Henri n'est plus un

pauvre petit infirme, mais un bel adolescent dont
la santé s'affermit de jour en jour, et de cette trans-
formation merveilleuse l'heureux père ne peut
assez remercier le Ciel.

Ce n'est pas l'unique sujet de sa reconnaissance.
Le billet qui, grâce à la mort de Mathizie, ne fut
pas présenté au jour de l'échéance, ne l'a jamais
été depuis. M. Preslier reste le débiteur de ses
pupilles, mais tout fait espérer qu'il s'acquittera
bientôt. Est-il besoin de dire que la papeterie n'a
pas été fermée, et que personne n'a su que l'industriel a été tout près de sa perte ?

Actuellement ses affaires sont remises en bonne
voie, les commandes affluent à nouveau et satisfaction complète est donnée aux clients.

« Que vos oraisons sont longues aujourd'hui,
cousine ! » dit-il à Mme Brigitte qui, sur la place,
remue encore les lèvres.

La vieille dame glisse son chapelet dans sa
poche.

« J'en dois un peu plus que les autres à ce
pauvre homme, Alfred. C'est ma manière de
réparer les paroles peu charitables que j'ai dites
à son sujet pendant sa vie. N'est-ce pas comme
cela qu'il faut faire, Corentine ? »

Pour toute réponse, la Bretonne incline gravement la tête. A son air recueilli, on devine qu'elle
s'entretient encore avec Dieu.

Ils se dirigent vers le cimetière.

La tombe de M. Mathizie est ornée de fleurs fraîches, et une couronne faite de pâles petites roses du Bengale est suspendue à la croix de granit.

« Vous êtes venue là déjà, Corentine, dit Marcelle.

— Oui, mademoiselle. Ce petit rosier était le mien, *il* m'avait permis de le planter dans un coin du jardin, j'ai voulu que ses premiers boutons fussent pour *lui*. »

Après une fervente prière, la famille Preslier quitta l'enclos funèbre.

« Monsieur, dit Corentine, vous m'avez promis une visite.

— Serons-nous de trop? questionna Henri.

— Non, bien sûr; au contraire. »

Mme Varauson objecta la longueur du chemin, mais Henri passa en riant son bras sous celui de sa tante et déclara qu'il se sentait assez fort pour la soutenir jusqu'à Poitiers.

La Solitude semblait rajeunie par le soleil levant qui riait dans les verrières et illuminait les faces des saints, vieux gardiens du logis. Corentine introduisit les visiteurs dans une grande salle reluisante de propreté et, sans préambule, plaça devant le tuteur de Marcelle un registre dont les dernières pages étaient couvertes de sa grosse écriture.

« Monsieur, dit-elle, vérifiez mes comptes, s'il

vous plaît. Je me suis acquittée sous l'œil de Dieu
de la mission que mon maître m'avait confiée.
J'ai trouvé de précieux renseignements sur ce
cahier, mais je ne me suis pas contentée de cela;
j'ai fait des recherches à Lorient comme à Chambrun, et tous mes payements ont été inscrits là-
dessus. Le reste est la propriété des enfants de
M. Marcel. »

Certes, la fidèle servante pouvait se flatter d'avoir
bien employé l'année.

Avec une infatigable patience, elle avait fouillé
le vieux secrétaire et les armoires de chêne,
feuilleté, étudié des papiers jaunis; elle avait interrogé sa mémoire, se remémorant des noms, des
faits, des indices, des visages connus ou simplement entrevus jadis, reconstituant des drames
déjà anciens, parcourant comme une voie douloureuse la sombre existence de l'agent d'affaires
véreuses, de l'usurier rapace; et quand elle avait
mis sous une enveloppe un ou plusieurs billets
de banque avec ce mot explicatif: Restitution, elle
baisait les pieds du crucifix en disant:

« Pour son âme, ô mon Dieu! »

Ah! sans doute, elle avait bien mérité de Celui
qui pèse toutes nos œuvres dans une balance
équitable, cette vaillante Corentine qui, dans la
droite simplicité de son âme, croyait n'avoir accompli que son strict devoir.

« Les enfants n'auront que cela, dit-elle en soulignant du doigt la dernière somme inscrite : cent dix mille francs. La fortune de M. Marcel était bien plus considérable, mais j'ai agi selon la justice et les intentions de mon maître en donnant aux pauvres et aux bonnes œuvres ce que je croyais dû à des personnes introuvables.

— Oh ! que vous avez bien fait ! s'écria Marcelle.

— Ainsi, dit M. Preslier, ces cent dix mille francs appartiennent légitimement à mes pupilles ?

— Sur ma conscience, monsieur, ils leur appartiennent légitimement.

— Bonne Corentine, comment vous remercier ? » dit la jeune fille.

La voix de la Bretonne s'attendrit en répondant :

« Tutoyez-moi comme faisait votre père. »

Marcelle lui jeta les bras autour du cou.

« Va, je t'aime comme il t'aimait, » dit-elle.

Corentine essuya ses yeux humides.

« C'est aujourd'hui, reprit-elle, que nous allons faire rédiger par le notaire de Chambrun l'acte qui rend aux neveux de mon maître leur héritage légitime, n'est-il pas vrai, monsieur ?

— Ce sera aujourd'hui si vous le désirez, répondit M. Preslier.

— J'y tiens, monsieur. Je ne serai même tranquille qu'après cette affaire faite et bien faite. J'ai soigné de mon mieux *votre* maison, mademoiselle. Voulez-vous la visiter tout entière? Il me semble que vous ne l'avez pas encore fait.

— Visitons-la, dit gaiement Henri. Venez-vous, tante Brigitte?

— Pour cela non, répondit-elle énergiquement. Depuis qu'il a retrouvé des jambes, cet enfant ne doute de rien. Mais les miennes n'ont plus quinze ans et elles demandent grâce. On est très bien ici, je vous y attendrai.

— Toi, du moins, tu ne nous feras pas défection, papa, » dit Henri, entraînant M. Preslier qui faisait mine de vouloir rester avec sa parente.

M. Mathizie n'avait fait réparer qu'une partie des appartements. Le reste était délabré et à peu près inhabitable. Là, s'était réfugiée avec la mélancolie des ruines la poésie pleine de grandeur, qui s'attache à ces vestiges d'un autre âge. Dans ces vastes salles, dont les boiseries autrefois léchées par la flamme et maintenant rongées par les vers tombaient en poussière, on respirait comme l'austère parfum des vertus de ceux qui, pendant des siècles, avaient animé ces lieux. On croyait voir passer sous les sombres arceaux les moines en robe blanche, le capuchon rabattu sur le front, les yeux baissés, les bras modestement croisés sur la poitrine. Marcelle regardait avec une curiosité mêlée de respect les statues plus ou moins mutilées, les tryptiques peuplés de saints personnages, les

croix incrustées dans les murailles. Elle s'agenouilla dans la chapelle, à la place où était jadis
l'autel. Que de prières ardentes, que de chants de

Peut-être la verrions-nous en blanche toilette d'épousée.

louange étaient montés de là vers le trône du
Seigneur !

« Si Raoul le permet, dit Marcelle en sortant,
je ferai de cette pièce un oratoire.

— Ah ! mademoiselle, voilà une bonne pensée, fit Corentine. Je me demandais souvent si ce lieu béni resterait à jamais profané. Je l'avais nettoyé et j'y venais prier de temps en temps, mais il m'était impossible de faire davantage.

— J'espère bien que tu ne vas pas nous quitter pour habiter la Solitude, s'écria Henri.

— Pas tout de suite, répondit-elle, si mon oncle ne me chasse pas.

— Je m'en garderai bien, riposta M. Preslier. Toi, petite, tu ressembles aux hirondelles : ta présence porte bonheur. Je songe même à un arrangement qui te fera plaisir. Quels sont vos projets, ma chère Corentine ? Souhaitez-vous retourner en Bretagne ?

— Qu'y ferai-je, monsieur ? Je n'y ai laissé aucun proche parent. Non, mon cœur est avec la petite-fille de ma chère maîtresse.

— Eh bien ! ne la quittez plus. Le Bois-Rosé vous est ouvert, nous serons tous heureux de vous y accueillir comme une amie.

— O mon bon oncle, vous comblez tous mes vœux, s'écria Marcelle. Tu acceptes, n'est-ce pas, Corentine ?

— Je voudrais bien voir qu'elle refusât, dit Henri. Allons, Corentine, tournez le dos à la Solitude et en route pour le Bois-Rosé ! »

La Bretonne, le visage épanoui, s'empressa

d’obéir, et ils s’acheminèrent tous ensemble vers la maison ensoleillée où le bonheur était revenu.

Arrêtons-nous sur le seuil et disons adieu à notre Marcelle en lui souhaitant beaucoup d’heures douces et paisibles comme celle-ci. Si nous tournions encore quelques feuillets du livre de sa vie, peut-être la verrions-nous en blanche toilette d’épousée au bras d’Hubert de Grévodan. C’est là du moins le vœu secret du jeune polytechnicien. Mais à quoi bon anticiper? Quelle que soit sa voie, Marcelle y marchera d’un pas sûr et tranquille. Elle passera « sans bruit » au milieu du monde qui, la connaissant peu, la dédaignera peut-être; mais les petits, les humbles, les souffrants la béniront, et Dieu abaissera sur elle un regard de complaisance, car cette vie sera pleine et précieuse à ses yeux.

FIN

29428. — Tours, impr. Mame.